Diogenes Taschenbuch 23764

de
te
be

Kleine Diogenes Bibliothek der Weisheit

Dalai Lama

# *Ratschläge des Herzens*

*Aufgezeichnet und mit einem Vorwort von Matthieu Ricard*

*Aus dem Französischen von Ingrid Fischer-Schreiber*

Diogenes

Dieses Buch ist
aus Gesprächen entstanden,
die Matthieu Ricard mit dem Dalai Lama
in tibetischer Sprache geführt hat
Kusho Lhakdor transkribierte sie auf tibetisch,
Christian Bruyat übersetzte sie ins
Französische und versah sie mit Anmerkungen
Titel der 2001 bei Presses de la Renaissance, Paris,
erschienenen Originalausgabe: ›Conseil du cœur‹

Die deutsche Erstausgabe
erschien 2003 im Diogenes Verlag
Umschlagfoto:
Phil Borges

Veröffentlicht als Diogenes Taschenbuch, 2008

www.diogenes.ch
100/08/44/1
ISBN 978 3 257 23764 1

# *Inhalt*

## DIE FUNKTIONEN IN DER GESELLSCHAFT

## LEBENSWEISE UND GESINNUNG

## DAS SPIRITUELLE LEBEN

## *Vorwort*

Die Residenz des Dalai Lama überragt die unendlichen Ebenen Indiens, die sich vor ihren Fenstern ausbreiten, so weit das Auge reicht. Im Norden erinnern einige schneebedeckte Gipfel den Besucher daran, daß Tibet nur an die hundert Kilometer Luftlinie entfernt ist – so nah und doch so fern.

Überall herrscht eine wohltuende Stille. Man spricht wenig und wenn, dann nur leise, denn man ist sich der Nichtigkeit unnützer Worte bewußt. Die Stille wird nur vom wohlwollenden Lachen des *Kundun* unterbrochen, des »Gegenwärtigen«, wie die Tibeter den Dalai Lama respektvoll nennen.

Der Dalai Lama verbringt mehrere Monate im Jahr damit, den Wünschen der Menschen in seiner Umgebung nachzukommen und die Sache Tibets zu vertreten, seines Landes, das von der unerbittlichen chinesischen Diktatur im Schraubstock gehalten und von den Demokratien, denen es mehr um neue Märkte denn um Gerechtigkeit geht, im Stich gelassen wird. Dieser unermüdliche Pilger des Friedens stürzt sich dann in einen Strudel von Aktivitäten, in dem sich die Ruhepausen nur mehr in Minuten messen lassen. Aber trotz dieses fast unerträglichen Rhythmus, den ihm sein Terminkalender aufzwingt, bewahrt sich der Kundun seine Gelassenheit und ist immer für alle da. Egal, wem er begegnet – ob einem alten Freund, einem Besucher oder einem zufällig am Flughafen an ihm vorbeigehenden Reisenden –, er ist immer unmittelbar präsent, voll und ganz, mit diesem ihm eigenen Blick, in dem sich sowohl Güte wie Einfachheit als auch viel Humor widerspiegeln.

Seine Botschaft ist immer dieselbe, und er wiederholt sie für jeden, der sie hören will: »Jedes Wesen, selbst eines, das uns feindlich gesinnt ist, fürchtet wie wir das Leiden und strebt nach Glück. Es hat wie wir das Recht, glücklich zu sein und nicht zu leiden. Kümmern wir uns also aufrichtig um die anderen, um unsere Freunde genauso wie um unsere Feinde. Das ist die Grundlage wahren Mitgefühls.«

Vor einigen Jahren wollte Alain Noël, Verleger der Presses de la Renaissance, den Dalai Lama bitten, ein »spirituelles Vermächtnis« zu verfassen. Aber nach einigem Überlegen schien es uns, die wir aufrichtig hoffen, der Dalai Lama würde seinen hundertsten Geburtstag erleben, eine bessere Idee zu sein, ihn um eine Reihe einfacher Ratschläge zu bitten, Ratschläge für alle Menschen, egal, welchen Charakter, welche gesellschaftliche Stellung oder welchen Beruf sie haben. Gerade in Tibet wurden derartige Ratschläge großer Meister oft in Büchern gesammelt, die dann manchmal den Titel »Ratschläge des Herzens« trugen. Titel und Form waren also gefunden.

Da der Dalai Lama für diese Gespräche nur begrenzt Zeit zur Verfügung hatte, schien es uns sinnvoll, ihm eine Liste von Themen vorzulegen, die er nach Lust und Laune aufgreifen oder verwerfen konnte. Er steuerte seinerseits einige Themen bei, an die wir gar nicht gedacht hatten, die ihm aber am Herzen lagen, zum Beispiel die Ratschläge an Häftlinge und an Homosexuelle.

Im Laufe dieser Gespräche schien er einmal ernst, dann wieder fröhlich, manchmal sprach er sehr entschlossen, um sich dann wieder fast in Träumereien zu verlieren. Und immer wieder wurde die Unterhaltung von seinem herzerfrischenden Lachen unterbrochen. So vermittelte er uns wirklich den Eindruck, ganz frei zu sprechen, ohne jemandem gefallen zu wollen. Immer aber zeigte er sich zutiefst von den menschlichen Problemen berührt, und nie war auch nur die geringste Selbstgefälligkeit zu spüren.

Der Dalai Lama ist bekannt dafür, daß er sehr klare Worte findet und es ihm völlig fern liegt, etwas, was ihn selbst oder den Buddhismus betrifft, beweisen zu wollen. Er sagt oft: »Ich bin nur ein Mönch.« Sein einziges Ziel ist es, seine Erfahrung mit anderen Menschen zu teilen, um ihnen so pragmatisch wie möglich zu helfen, ein glückliches Leben zu führen.

Er flüchtet sich weder in eine geschwollene Ausdrucksweise noch in schwer verständliche Begriffe, um eine Verlegenheit oder ein Zögern zu vertuschen. Wenn er für ein Problem keine klare Lösung in seinem Geist findet oder wenn sie nicht einer von ihm tief empfundenen Wahrheit entspricht, dann zieht er sich nicht mit einem geschickten Schachzug aus der Affäre, sondern zeigt seine Verwirrtheit sehr deutlich und zögert auch nicht, ein lapidares »Ich weiß nicht« von sich zu geben, das den Zuhörer sowohl überraschen als auch zum Lachen bringen kann.

Für alle, die den Dalai Lama auch nur ein bißchen kennen, ist es klar, daß sowohl seine Antworten selbst als auch seine Art zu antworten ganz unmittelbar das widerspiegeln, was er ist und was er denkt. Er versucht nie, etwas vorzugeben.

Seine Ratschläge sind oft sehr einfach, denn er sieht keinen Sinn darin, Dinge kompliziert auszudrücken. Mancher mag es naiv finden, wenn er ständig wiederholt, man müsse »ein gutes Herz« haben, aber dafür gibt es gute Gründe. Erstens ist es schwer, ein wirklich gutes Herz zu haben, zweitens kann, wer kein gutes Herz hat, noch so oft vom Frieden in der Welt und anderen großen Ideen sprechen – es bleibt leeres Gerede.

Der Dalai Lama fordert uns auf, aus dem Potential an Güte und Liebe zu schöpfen, das – davon ist er überzeugt – in uns allen angelegt ist. Indem er über ganz alltägliche Erfahrungen spricht, zeigt er uns, wie wir ein »guter Mensch« werden und das Beste aus unserem Leben machen können. Er betont, daß wir alle eine »universelle Verantwortung« tragen, und will uns bewußtmachen, daß ein jeder von uns als Mitglied der menschlichen Familie ein Schmied des Friedens, ein Beschützer aller Wesen sein kann. »Die äußere Abrüstung geht über die innere Abrüstung«, sagt er oft.

Die Einfachheit seiner Worte macht uns das Wesentliche sichtbar. Wir sollten sie nicht als Unfähigkeit interpretieren, tiefschürfende oder komplexe Ideen auszudrücken. Wenn das Thema einer Unterweisung oder einer Unterhaltung philosophische, metaphysische oder spirituelle Fragen berührt, legt der Dalai Lama einen Reichtum an Sichtweisen an den Tag, deren Tiefe oft auch die Gelehrtesten verblüfft.

In diesem Geist hat uns Seine Heiligkeit der Dalai Lama im März 2000 in seiner Residenz in Dharamsala seine »Ratschläge des Herzens« anvertraut. Er hat sie in Tibetisch gegeben, und diese aufgezeichneten Gespräche wurden von Christian Bruyat und mir selbst übersetzt. In der entspannten, vertrauten und positiven Atmosphäre legte er Wert darauf, Dinge zu sagen, die allen helfen können, eine »profane Spiritualität« zu entwickeln. Dabei achtete er sehr genau darauf, spezifisch buddhistische Begriffe zu vermeiden, soweit es das Thema erlaubte.

Wenn es uns gelingt, auch nur einen Teil dessen, was der Dalai Lama sagt, in unser Denken und Handeln zu integrieren, dann können wir uns glücklich schätzen.

*Matthieu Ricard,*
*Kloster Shéchèn, Nepal*
*16. Juni 2001*

# RATSCHLÄGE DES HERZENS

# *Einleitung*

## *An alle*

Wir müssen nicht erst lange nachdenken, um festzustellen, daß alle Wesen von sich aus nach Glück streben und Leiden vermeiden wollen. Sie werden nicht einmal ein Insekt finden, das nicht alles tun würde, um dem Leiden zu entkommen. Die Menschen besitzen darüber hinaus die Fähigkeit zur Reflexion. Mein erster Ratschlag besteht darin, diese Fähigkeit weise einzusetzen.

Lust und Leid beruhen auf sinnlicher Wahrnehmung und innerer Zufriedenheit. Für uns ist die geistige, die innere Zufriedenheit das Wichtigste. Sie ist das, was den Menschen ausmacht. Die Tiere sind, sieht man von einigen Ausnahmen ab, dessen nicht fähig.

Diese Zufriedenheit zeichnet sich durch inneren Frieden aus. Sie wurzelt in Großzügigkeit, Ehrlichkeit und in dem, was ich moralisches Verhalten nenne, das heißt in einem Verhalten, welches das Recht auf Glück der anderen Menschen achtet.

Ein großer Teil unseres Leids rührt daher, daß wir

zu viel denken und daß wir nicht auf gesunde Art und Weise denken. Wir sehen nur unsere unmittelbare Befriedigung, ohne die langfristigen Vor- oder Nachteile für uns selbst oder für andere zu bedenken. Diese Haltung wendet sich aber früher oder später zwangsläufig gegen uns. Mit Sicherheit könnten wir allein durch eine Veränderung unserer Sicht der Dinge unsere gegenwärtigen Schwierigkeiten verringern und es vermeiden, neue Probleme zu schaffen.

Manchmal ist es unausweichlich zu leiden, so zum Beispiel bei der Geburt, bei Krankheiten, im Alter und im Sterben. Das einzige, was wir tun können, ist, die Angst davor zu verringern. Viele Probleme auf der Welt – angefangen bei unseren Konflikten mit dem Ehepartner bis hin zu den verheerendsten Kriegen – könnten vermieden werden, würden wir eine gesündere geistige Haltung einnehmen. Wenn wir aber unseren Geist nicht auf die rechte Art und Weise gebrauchen; wenn wir die Dinge nicht in einer langfristigen Perspektive sehen; wenn es unseren Methoden an Tiefe mangelt und wir den Dingen nicht mit einem offenen, entspannten Geist begegnen, dann verwandeln wir auch das, was anfangs nur eine unbedeutende Schwierigkeit war, in ein gravierendes Problem. Mit anderen Worten: Ein großer Teil unseres Leidens ist hausgemacht. Mir ist wichtig, das gleich am Anfang klarzustellen.

# DIE LEBENSALTER

## *An die jungen Menschen*

Ich freue mich immer, jungen Menschen zu begegnen, egal ob in unseren Flüchtlingsschulen oder auf meinen Reisen in Indien oder im Ausland. Sie sind direkt und ehrlich, und ihr Geist ist offener und geschmeidiger als der Geist erwachsener Menschen. Wenn ich ein Kind sehe, dann habe ich immer das Gefühl, daß es mein eigenes Kind ist oder ein Freund, den ich schon lange kenne und dem ich all meine Liebe angedeihen lassen muß.

Das Wesentlichste bei Kindern ist, ihnen eine wirklich umfassende Erziehung zu geben – wobei ich Erziehung hier im weitesten Sinn des Wortes verstehe: als den Erwerb von Fähigkeiten und Wissen, aber auch als die Entwicklung der grundlegenden menschlichen Eigenschaften. In der Kindheit wird das Fundament gelegt. Die Denkweise, die wir uns während dieser ausschlaggebenden Jahre aneignen, hat einen tiefgreifenden Einfluß auf den Verlauf unserer gesamten Existenz, genauso wie Ernährung und körperliche Hygiene sich auf unsere zukünftige Gesundheit auswirken.

Wenn junge Menschen nicht all ihre Anstrengungen aufs Lernen konzentrieren, dann wird es ihnen später schwerfallen, diese Lücke zu füllen. Ich habe das am eigenen Leib feststellen können. Manchmal hat mich das, was ich gerade lernen sollte, überhaupt nicht interessiert, und meine Anstrengungen ließen sehr zu wünschen übrig. Später habe ich das dann bereut. Ich sage mir immer, daß ich damals etwas versäumt habe. Aufgrund dieser Erfahrung rate ich allen jungen Menschen, die Zeit des Lernens als eine entscheidende Phase ihres Lebens anzusehen.

Außerdem muß man schon als Kind lernen, andere zu verstehen und einander zu helfen. Kleinere Streitereien und Konflikte sind unvermeidlich, aber es ist wichtig, sich daran zu gewöhnen, Dinge auch gut sein zu lassen und keinen Groll zu hegen.

Manchmal glauben wir, Kinder dächten nicht über ernste Themen wie den Tod nach. Aber wenn ich die Fragen höre, die mir Kinder stellen, dann wird mir klar, daß sie sehr wohl über ernste Dinge nachdenken, vor allem über das, was nach dem Leben sein wird.

In der Kindheit entfaltet sich die Intelligenz, und der Geist ist voll von Fragen. Dieser intensive Wissensdurst ist die Grundlage für unser inneres Wachstum. Je mehr wir uns für die Welt rund um uns interessieren und je mehr wir nach dem Warum und Wie der Dinge fragen, desto klarer wird unser Bewußtsein und desto besser kann sich unsere Eigeninitiative entwickeln.

Aber da ist noch ein anderer Punkt, der mir wesentlich zu sein scheint. In unserer modernen Gesellschaft neigen wir dazu, uns nicht für das zu interessieren, was ich die natürlichen menschlichen Eigenschaften nenne: Herzlichkeit, Mitgefühl, Verständnis, die Fähigkeit zu verzeihen. Kindern fällt es leicht, Beziehungen zu anderen herzustellen. Sie lachen einmal gemeinsam über etwas, und schon haben sie einen neuen Freund gewonnen. Kinder fragen nicht, welchen Beruf der andere ausübt oder welcher Rasse er angehört. Wichtig ist, daß der andere ein menschliches Wesen wie wir ist und wir eine Beziehung zu ihm aufbauen können.

Je älter wir werden, desto weniger Wert legen wir auf Zuneigung, Freundschaft oder gegenseitige Unterstützung. In den Vordergrund treten Dinge wie Rasse, Religion, das Land, aus dem man kommt. Wir vergessen das Allerwichtigste und konzentrieren uns auf Lächerlichkeiten.

Aus diesem Grund ermuntere ich die jungen Leute, die mit fünfzehn oder sechzehn Jahren zu mir kommen, sich die Frische des kindlichen Geistes nicht nehmen zu lassen und ihr einen wichtigen Platz einzuräumen. Ruft euch immer wieder in Erinnerung, was den Menschen im Innersten ausmacht. Macht euch das zunutze, um ein unerschütterliches Vertrauen in euer eigenes Wesen zu entwickeln, so daß ihr Sicherheit in euch selbst finden könnt.

Wir müssen uns im klaren darüber sein, daß das Leben keine leichte Angelegenheit ist. Damit wir ein gutes Leben führen können und uns nicht schon beim ersten Problem der Mut verläßt, müssen wir innere Kraft entwickeln.

Heutzutage legen wir viel Wert auf das Individuelle, auf das Recht jedes einzelnen, für sich selbst zu entscheiden, ohne sich den von Gesellschaft oder Tradition vorgegebenen Werten unterordnen zu müssen. Das ist eine gute Sache. Aber dabei lassen wir uns von Informationen leiten, die über die Medien, vor allem über das Fernsehen kommen, also von außen. Sie allein bestimmen und beeinflussen uns. Diese übermäßige Abhängigkeit macht uns unfähig, auf eigenen Beinen zu stehen und uns auf unsere eigenen Fähigkeiten zu verlassen. Wir verlieren das Vertrauen in unsere wahre Natur.

Aber das Vertrauen in sich selbst und die Fähigkeit, auf eigenen Beinen zu stehen, scheinen mir wesentlich zu sein für ein gelungenes Leben. Ich meine hier nicht eine dumme Selbstsicherheit, sondern das Bewußtsein für unser inneres Potential, die Gewißheit, daß wir uns ändern und bessern können – und daß es dafür nie zu spät ist.

Die Lieblingsthemen der Medien sind Diebstähle, Verbrechen und andere Handlungen, die von Gier oder Haß zeugen. Trotzdem wäre es falsch zu sagen, daß auf der Welt nichts aus Großmut passieren würde, nichts, was aus unseren menschlichen Qualitäten erwächst. Gibt es denn niemanden, der sich um die Kranken, die Waisen, die Alten oder Behinderten kümmert? Niemanden, der aus Liebe zu anderen handelt? Doch, es gibt viele Menschen, die das tun, aber wir haben uns daran gewöhnt zu glauben, das sei normal.

Ich bin überzeugt, daß wir in unserem tiefsten Inneren weder töten noch vergewaltigen, noch stehlen, noch lügen, noch andere negative Handlungen begehen wollen und daß wir alle der Liebe und des Mitgefühls fähig sind. Wir müssen uns nur bewußt werden, welch wesentliche Rolle spontane Zuneigung in unserem Leben spielt, schon von Geburt an. Ohne sie wären wir schon lange nicht mehr am Leben. Wir brauchen nur zu beobachten, wie gut es uns tut, wenn uns die Liebe der anderen umgibt oder wenn wir selbst Liebe in uns fühlen, und wie schlecht wir uns in unserer Haut fühlen, wenn uns Zorn oder Haß entgegenschlägt. Liebevolle Gedanken und Handlungen wirken sich ganz eindeutig positiv auf unsere psychische und körperliche Gesundheit aus, denn sie entsprechen unserer wahren Natur. Gewalttätige, grausame, haßerfüllte Handlungen überraschen uns jedoch. Deswegen haben wir das Bedürfnis, darüber zu sprechen, und deswegen füllen sie die Schlagzeilen der Zeitungen. Das Problem ist nur, daß wir nach und nach beginnen zu glauben, die menschliche Natur sei schlecht. Eines Tages werden wir uns vielleicht sagen, daß es nicht mehr die geringste Hoffnung für die Menschheit gibt.

Es ist daher wesentlich, den jungen Menschen zu sagen: Erkennt die menschlichen Qualitäten, die von Natur aus in euch angelegt sind. Baut auf sie und entwickelt ein unerschütterliches Vertrauen in sie, eine Sicherheit, und lernt, auf euren eigenen Beinen zu stehen!

Manche junge Menschen beginnen ihr eigenes Leben, ohne zu wissen, was sie wollen. Sie fangen mit einem Beruf an, der ihnen dann nicht gefällt, hören daher wieder auf und suchen sich einen anderen, bis sie auch den wieder aufgeben. Irgendwann geben sie dann alles auf und haben das Gefühl, daß sie nichts wirklich inspirieren kann.

Wenn ihr euch in dieser Lage befindet, dann macht euch klar, daß es kein Leben ohne Schwierigkeiten gibt. Erwartet nicht, daß euch alles beim ersten Mal gelingt und Probleme sich wie durch ein Wunder in Luft auflösen.

Wenn ihr euch nach eurem Studium eine Arbeit sucht, dann laßt euch bei eurer Entscheidung von eurem Wesen, eurem Wissen, euren Stärken und Interessen, ja, vielleicht auch von eurer Familie, euren Freunden und Beziehungen leiten. Vielleicht ist es klug, einen Beruf zu ergreifen, den andere in eurer Umgebung schon ausüben. Dann könntet ihr euch bei ihnen Rat holen und von ihrer Erfahrung profitieren.

Berücksichtigt alle Kriterien, zieht die Möglichkeiten in Betracht, die eurer Situation am ehesten entsprechen, und entscheidet euch dann. Habt ihr einmal eine Entscheidung getroffen, dann bleibt auch dabei. Auch wenn ihr auf Schwierigkeiten stoßt – seid entschlossen, sie zu überwinden. Habt Vertrauen in euch und mobilisiert eure ganze Energie.

Wenn ihr aber die verschiedenen Berufe, die in Frage kommen, wie Speisen behandelt, die man euch vorsetzt und in denen ihr lustlos herumstochert, dann habt ihr nicht viel Aussicht auf Erfolg. Sagt euch, daß irgendwann der Tag kommt, an dem ihr eine Entscheidung fällen müßt, und daß es nichts auf dieser Welt gibt, das überhaupt nichts Negatives an sich hat.

Ich habe manchmal den Eindruck, als verhielten wir uns wie verwöhnte Kinder. Solange wir noch ganz klein sind, sind wir vollkommen von unseren Eltern abhängig. Dann gehen wir in die Schule, man läßt uns Erziehung und Bildung angedeihen, man ernährt uns, man kleidet uns, und das ganze Gewicht unserer Probleme ruht nach wie vor auf den Schultern anderer Menschen. Wenn dann endlich der Augenblick gekommen ist, in dem wir unser Leben selbst in die Hand nehmen und unsere Bürde selber tragen können, dann erwarten wir, daß alles ganz reibungslos vor sich gehen muß! Diese Haltung steht in Widerspruch zur Realität. In dieser Welt bleiben niemandem Schwierigkeiten erspart.

## *An die Erwachsenen*

Die vorangegangenen Überlegungen gelten auch für alle, die in das Erwachsenenleben eintreten, indem sie zu arbeiten beginnen oder eine Familie gründen.

Der Beruf, den wir ausüben, ist das Mittel, mit dem wir uns unseren Lebensunterhalt verdienen, aber er ist auch unser Beitrag zu der Gesellschaft, von der wir abhängig sind, denn zwischen uns und der Gesellschaft besteht ein Abhängigkeitsverhältnis: Blüht und gedeiht die Gesellschaft, dann profitieren wir davon; geht es ihr hingegen schlecht, dann leiden wir darunter. Unsere Gemeinschaft übt ihrerseits Einfluß auf jene aus, die uns umgeben, ja, in letzter Konsequenz auf die gesamte Menschheit. Wenn es den Bewohnern der Region, in der ihr lebt, wirtschaftlich gutgeht, dann wird dieser Wohlstand sich auf das ganze Land positiv auswirken. Die Wirtschaft eures Landes ist ihrerseits mit der des Kontinents verbunden und die Wirtschaft des Kontinents mit der Weltwirtschaft. Unsere modernen Gesellschaften sind aufs engste miteinander verflochten, und das Verhalten eines jeden von uns hat Einfluß auf das aller anderen. Ich glaube, man muß sich das einmal bewußtmachen.

Wenn ich sage, die Gesundheit der Gesellschaft spiegle sich unweigerlich in jedem von uns wider, so soll das nicht heißen, daß man sein eigenes Wohlergehen dem der Gruppe opfern soll. Ich sage nur, daß beides nicht voneinander zu trennen ist. Heutzutage glauben wir, das Schicksal der Gesellschaft und das des einzelnen seien zwei verschiedene Dinge. Das Individuum zählt, nicht die Gemeinschaft. Wenn man aber sein Blickfeld ein bißchen erweitert, dann erkennt man, daß diese Haltung auf lange Sicht keinen Sinn macht.

Wie wir bereits gesehen haben, beruhen menschliches Glück und Unglück nicht nur auf der Befriedigung unserer Sinne. Sie haben auch und vor allem eine geistige Seite. Das dürfen wir nicht vergessen. Glauben Sie nicht, das sei nur ein zu vernachlässigendes Detail. Wenn Sie ein schönes, exquisit möbliertes Haus besitzen, ein Luxusauto in der Garage stehen haben, Geld auf der Bank liegt, wenn Sie eine hohe gesellschaftliche Stellung innehaben und Ihnen die Anerkennung der anderen sicher ist, dann ist das noch lange keine Garantie dafür, daß Sie auch wirklich glücklich sind. Und wenn Sie Milliardär wären – wären Sie deswegen automatisch glücklich? Das darf bezweifelt werden.

Die tiefe Freude, die uns Kunst oder Musik vermitteln, zeigt, welch wichtige Rolle bei uns Menschen die innere Befriedigung spielt, die etwas ganz anderes ist als die gröberen Sinnesfreuden oder der Besitz materieller Güter.

Nichtsdestotrotz beruht diese Befriedigung zu einem großen Teil darauf, was unsere Augen und Ohren wahrnehmen, und kann uns daher nur ein vorübergehendes Wohlbefinden bringen, das sich im Grunde nicht sehr von dem unterscheidet, das uns Drogen vermitteln. Wenn wir das Museum oder das Konzert verlassen, hört die Freude auf und macht dem Wunsch Platz, diesen Genuß zu wiederholen. So erlangt man nie wahres inneres Glück.

Das Wesentliche ist innere Zufriedenheit. Man muß deswegen nicht auf die elementaren Notwendigkeiten verzichten. Wir haben alle ein Anrecht auf das Minimum. Wir brauchen es, und wir müssen sicherstellen, daß wir es auch bekommen. Und wenn wir dafür auf die Straße gehen müssen, dann gehen wir eben auf die Straße. Wenn wir dafür streiken müssen, dann streiken wir eben. Aber wir dürfen nicht in eine extreme Haltung verfallen. Verspüren wir in unserem Inneren nie wirkliche Befriedigung und wollen wir immer mehr und mehr, dann werden wir nie glücklich sein, denn irgend etwas wird uns immer fehlen.

Inneres Glück ist nicht von materiellen Umständen oder sinnlicher Befriedigung abhängig. Es wurzelt in unserem Geist. Es ist entscheidend, die Bedeutung dieser Art von Glück zu erkennen.

## *An die alten Menschen*

Wenn man alt ist und keinen religiösen Glauben hat, dann ist es wichtig zu erkennen, daß das unausweichliche Leiden – Geburt, Krankheit, Alter und Tod – Teil unseres Lebens ist. Sobald wir einmal auf die Welt gekommen sind, können wir Alter und Tod nicht mehr entkommen. So ist es einfach. Es nützt überhaupt nichts, sich zu sagen, daß das nicht gerecht ist und daß es anders sein sollte.

Nach buddhistischer Auffassung hängt es von unseren in der Vergangenheit angehäuften Verdiensten ab, ob wir ein langes Leben leben können. Aber auch wenn Sie nicht Buddhist sind: Denken Sie an all die Menschen, die jung sterben, und freuen Sie sich darüber, daß Sie ein langes Leben haben dürfen.

War die erste Hälfte Ihres Lebens erfüllt, so erinnern Sie sich daran, daß Sie während dieser Zeit Ihren Teil zur Gemeinschaft beigesteuert und in bester Absicht ein nützliches Werk vollbracht haben. Und jetzt gibt es nichts, was Sie bereuen müßten.

Wenn Sie religiös sind, dann beten oder meditieren Sie, wie es Ihnen Ihr Glaube vorgibt. Ist Ihr Geist klar, dann denken auch Sie darüber nach, daß Geburt, Krankheit, Alter und Tod Teil des Lebens eines jeden Menschen und damit unausweichlich sind. Gelingt es uns, das zu erkennen und zu akzeptieren, dann können wir wesentlich gelassener alt werden.

Das versuche auch ich, denn ich werde bald 67 Jahre alt. Würde ich mir nicht von Zeit zu Zeit klarmachen, daß mein Körper um all die Jahre gealtert ist, dann fiele es mir wohl manchmal schwer, meinen Zustand zu akzeptieren. Wenn Sie alt sind, machen Sie sich bewußt, was das wirklich bedeutet, ohne sich Illusionen hinzugeben, und versuchen Sie, daraus das Beste zu machen.

Fragen Sie sich, was Sie auch im Alter zu dieser Gesellschaft, von der Sie nach wie vor abhängig sind, beitragen können. Mit den Fertigkeiten, die Sie erworben haben, können Sie sicher für andere nützlicher sein als Menschen, die noch nicht so lange leben wie Sie. Erzählen Sie Ihre Lebensgeschichte Ihrer Familie und Ihren Freunden, teilen Sie Ihre Erfahrungen mit ihnen. Wenn Sie die Gesellschaft Ihrer Enkelkinder genießen und sich mit ihnen beschäftigen, dann geben Sie Ihr Wissen an sie weiter und tragen so zu ihrer Erziehung bei.

Vermeiden Sie es aber, so zu werden wie jene alten Menschen, die ständig nur jammern und herumstreiten. Vergeuden Sie Ihre Energie nicht auf diese Weise. So gefallen Sie niemandem, und Ihr Alter wird dadurch zur Qual.

# LEBENSLAGEN

## *An die Männer und Frauen*

Männer und Frauen unterscheiden sich körperlich, und das bedingt natürlich auch einige Unterschiede auf emotionaler Ebene. Aber ihre Art zu denken, ihre Empfindungen und alle anderen Aspekte ihrer Persönlichkeit sind im wesentlichen gleich. Männer können vielleicht besser Arbeiten erledigen, die Kraft erfordern; Frauen scheinen bei Aufgaben, bei denen man einen klaren, wendigen Geist braucht, effizienter zu sein. Wo gründliches Nachdenken eine große Rolle spielt, sind Männer und Frauen einander meist gleichwertig. Da es keine grundlegenden Unterschiede zwischen ihnen gibt, versteht es sich von selbst, daß sie dieselben Rechte haben und jede Diskriminierung ungerechtfertigt ist. Außerdem brauchen die Männer die Frauen genauso, wie die Frauen die Männer brauchen.

Wo ihre Rechte mit Füßen getreten werden, müssen die Frauen auf diesen Rechten bestehen, und die Männer müssen sie in ihrem Kampf unterstützen. Ich selbst trete in Indien seit zwanzig Jahren unter anderem dafür ein, daß auch Frauen studieren können, daß sie in der Gesellschaft die gleichen Positionen wie die Männer einnehmen dürfen.

Nach buddhistischer Auffassung besitzen Männer und Frauen das, was man die Natur des Buddha, das Potential des Erwachens, nennt, ohne Unterschied. Sie sind ihrer Essenz nach vollkommen gleich. In einigen Traditionen bestand zwar immer schon eine Trennung, aber sie hatte meist gesellschaftliche und kulturelle Gründe. Nagarjuna[1] spricht in seinem *Juwelenkranz der königlichen Ratschläge* wie Shantideva[2] in seinem *Bodhicaryavatara* von den »Mängeln des Frauenkörpers«. Ihre Absicht war es aber nicht zu beweisen, daß die Frauen den Männern unterlegen sind. Zu ihrer Zeit war es eben so, daß der Großteil derer, die sich für ein klösterliches Leben entschieden, Männer waren. Sie beschrieben diese Mängel, weil sie den Männern helfen wollten, ihr Begehren des weiblichen Körpers zu überwinden. Eine Nonne muß natürlich eine entsprechende Analyse des männlichen Körpers durchführen.

In den höchsten Praktiken des Vajrayana[3] wird

1 Nagarjuna, einer der bedeutendsten Exegeten des Denkens des Buddha, war im 2. Jh. n. Chr. der Begründer des Madhyamika, des »Mittleren Weges«, einer der beiden großen Strömungen des Mahayana.

2 Shantideva, ein großer indischer buddhistischer Meister, Dichter und Philosoph aus dem 8. Jh. n. Chr.

3 Das Vajrayana ist eines der drei buddhistischen »Fahrzeuge« oder Wege. Die anderen sind das Hinayana (»Kleines Fahrzeug«) und das Mahayana (»Großes Fahrzeug«). Das Vajrayana, das diamantene Fahrzeug, wird so genannt, weil es die letzte Natur aller Wesen und Dinge als unzerstörbar und unveränderlich beschreibt und sie mit einem Diamanten vergleicht. Es zeichnet sich u. a. durch eine Vielzahl sogenannter »geschickter Mittel« aus, die ein schnelles Erlangen des Erwachens erlauben.

keine Unterscheidung zwischen Mann und Frau getroffen, und das weibliche Element spielt eine so zentrale Rolle, daß eine Mißachtung der Frau als Verstoß gegen die Regeln gilt.

## *An alle, die ein Familienleben führen*

Die Familie ist der Kern der Gesellschaft. Wenn dort Frieden herrscht und die menschlichen Werte Geltung haben, dann leben nicht nur die Eltern ein glückliches, spannungsfreies Leben, sondern auch ihre Kinder, Enkelkinder und vielleicht auch die künftigen Generationen. Haben die Eltern einen religiösen Glauben, dann werden sich die Kinder ganz von selbst dafür interessieren. Wenn sie gute Umgangsformen haben, sich moralisch verhalten – das heißt, niemandem Leid zufügen –, einander lieben und respektieren, wenn sie jenen helfen, die Hilfe benötigen, und sich mit der Umwelt auseinandersetzen, dann stehen die Chancen nicht schlecht, daß auch ihre Kinder so handeln und sich verantwortungsbewußt verhalten werden.

Wenn sich jedoch Vater und Mutter bekriegen und einander ständig beschimpfen; wenn sie tun, was ihnen gerade in den Sinn kommt, und die anderen nicht respektieren, dann werden nicht nur sie unglücklich sein, sondern auch ihre Kinder werden unweigerlich ihren Einfluß zu spüren bekommen.

Als Buddhist sage ich den Tibetern immer wieder, daß es vor allem einen Ort gibt, an dem sie alles daransetzen sollten, um die Lehre des Buddha zu verankern und zu entwickeln: die Familie. In der Familie sollten die Eltern ihren Glauben an den Tag legen, sie sollten den Kindern ein Vorbild sein und sie in die spirituellen Lehren einführen. Es reicht nicht, wenn sie ihren Kindern Bilder zeigen und ihnen sagen, welche Gottheit sie darstellen: Sie müssen ihnen genauer erklären, welche Gottheit für Mitgefühl, welche für höchste Weisheit und so weiter steht. Je besser die Eltern mit der Lehre des Buddha vertraut sind, desto positiver wird der Einfluß sein, den sie auf ihre Kinder ausüben. Das gilt natürlich auch für alle anderen spirituellen oder religiösen Traditionen.

Eine Familie beeinflußt eine andere, dann noch eine andere, dann zehn, hundert, tausend – und der ganzen Gesellschaft wird es bessergehen.

Die moderne Gesellschaft ist sicher keine besonders gesunde Gesellschaft. Aber die Behauptung, die Menschen der industrialisierten Welt hätten vor nichts mehr Respekt, während sich Menschen in weniger industrialisierten Gesellschaften ganz allgemein verantwortlicher zeigen, ist mir zu undifferenziert.

Die indischen Regionen des Himalaya zum Beispiel sind unzugänglich und bislang nur wenig von der modernen Technik beeinflußt. Es stimmt, daß hier nur wenige Diebstähle oder Morde begangen werden und sich die Menschen mit dem begnügen, was sie haben. Es gibt sogar Orte, wo man aus Tradition die Türen nicht versperrt, wenn man das Haus verläßt, damit mögliche Besucher es sich im Haus gemütlich machen und sich erholen können, bis man wieder zurückkommt. Große Städte wie Delhi hingegen haben eine hohe Verbrechensrate zu verzeichnen, und die Menschen, die da leben, sind nie mit ihrem Schicksal zufrieden, was unzählige Probleme verursacht. Aber meiner Meinung nach ist dies noch kein Grund dafür, die wirtschaftliche Entwicklung pauschal zu verdammen und zu fordern, man möge das Rad der Zeit zurückdrehen. Das gute Einvernehmen und der Respekt für die anderen, die man in traditionellen Gesellschaften findet, sind oft vom puren Überlebenstrieb diktiert, und die Zufriedenheit rührt vielfach daraus, daß man keine anderen Lebensformen kennt. Fragen Sie nur einmal die tibetischen Nomaden, ob es ihnen nicht lieber wäre, wenn sie sich besser vor der Kälte des Winters schützen könnten, wenn sie Öfen hätten, die nicht ihr Zelt und ihre gesamte Habe schwärzen, fragen Sie, ob sie nicht gerne auch Fernseher hätten, um sich über das Leben in anderen Teilen der Welt zu informieren. Ich weiß, was sie antworten…

Der wirtschaftliche und technologische Fortschritt ist wünschenswert und notwendig. Er ist das Resultat einer ganzen Reihe von Faktoren, deren Komplexität wir überhaupt nicht erfassen können, und es wäre naiv zu glauben, wir könnten alle Probleme lösen, würden wir diesen Fortschritt von einem Moment auf den anderen stoppen. Aber er darf natürlich auch nicht irgendwie ablaufen. Er muß von einer Entwicklung der moralischen Werte begleitet sein. Es ist unsere Pflicht als Menschen, diese beiden Aufgaben gemeinsam zu verwirklichen. Darin liegt der Schlüssel zu unserer Zukunft. Eine Gesellschaft, in der die materielle Entwicklung und der geistige Fortschritt Hand in Hand gehen, ist eine Gesellschaft, die sich wahrlich glücklich nennen darf.

Wie kann man eine solche Gesellschaft verwirklichen? Ich glaube nicht, daß das mit Hilfe schöner Tempel oder Klöster erreicht werden kann. Auch nicht nur durch die Errichtung von Schulen. Es ist die Familie, die die Hauptrolle dabei spielt. Wenn in den Familien tatsächlich Frieden herrscht; wenn wir dort nicht nur Wissen, sondern auch echte moralische Werte weitergeben und lernen, Gerechtigkeit und Nächstenliebe zu praktizieren, dann wird es auch möglich sein, die Gesellschaft im Ganzen dementsprechend zu gestalten. Daher kommt meiner Meinung nach der Familie eine enorme Verantwortung zu.

Die Kinder müssen sich wirklich entfalten und ihre grundlegenden menschlichen Fähigkeiten entwickeln können. Sie sollten lernen, großzügig zu sein und einander zu helfen; sie sollten lernen, sich für das verantwortlich zu fühlen, was sie umgibt, und anderen ein Beispiel zu sein. Solche Kinder werden später gut in ihrem Beruf sein und der nachfolgenden Generation etwas beibringen können. Selbst wenn sie alte Professoren mit dicken Brillen werden – die guten Angewohnheiten ihrer jungen Jahre werden sie sich bewahren! Davon bin ich fest überzeugt.

Damit eine Familie dieser Aufgabe gerecht werden kann, dürfen Mann und Frau nicht nur deshalb zusammenkommen, weil sie sich von der physischen Schönheit, dem Klang der Stimme oder anderen Äußerlichkeiten des anderen angezogen fühlen, sondern sie müssen einander in erster Linie wirklich gut kennenlernen wollen. Wenn sie im anderen gewisse Eigenschaften entdecken, wenn sie deshalb Liebe füreinander verspüren und diese Liebe von Respekt und Achtung getragen ist, dann wird die Verbindung alle Chancen haben, glücklich und von Dauer zu sein.

Wenn sie sich aber nur sexuell begehren, wie man eine Prostituierte begehrt, ohne den Charakter des anderen kennen zu wollen und ohne für ihn Respekt zu empfinden, dann werden sie sich lieben, solange dieses Begehren da ist. Fehlt der Liebe der tiefe gegenseitige Respekt, ist es schwierig, ein gemeinsames glückliches Leben zu führen, sobald einmal der Reiz des Neuen verflogen ist. Diese Art von Liebe ist blind. Nach einer gewissen Zeit verwandelt sie sich oft in ihr Gegenteil. Wenn das Paar Kinder hat, dann laufen diese Kinder Gefahr, ohne die nötige Liebe aufzuwachsen. Es ist sehr wichtig, dies zu bedenken, wenn man mit jemandem leben will.

Eines Tages begegnete ich in San Francisco einem christlichen Priester, der junge Menschen vor ihrer Heirat beriet. Er sagte ihnen, sie sollten zuallererst eine ganze Reihe von Jungen und Mädchen kennenlernen und erst dann ihre Wahl treffen. Denn die Gefahr sei groß, daß sie sich täuschten, wenn sie bereits nach einer einzigen Begegnung eine Entscheidung träfen. Ich fand diese Einstellung sehr richtig.

Wir dürfen auch nicht vergessen, daß man, wenn man heiratet, nicht mehr allein ist. Selbst wenn wir allein sind, denken wir manchmal abends das Gegenteil von dem, was wir noch am Morgen gedacht haben. Wenn wir aber zu zweit sind, können jederzeit Meinungsverschiedenheiten auftauchen. Interessiert sich einer der beiden nur für seine eigenen Gedanken, ohne die des Partners zu berücksichtigen, dann kann das Paar nicht funktionieren. Sobald wir mit einem anderen Menschen zusammenleben, müssen wir ihm Zuneigung entgegenbringen und seinen Gedanken und Wünschen gegenüber achtsam sein. Beide müssen ihren Teil der Verantwortung tragen, egal, was geschieht. Das Leben des Paares darf nicht die Angelegenheit eines der beiden sein.

Der Mann muß seine Frau zufriedenstellen, und die Frau muß den Mann zufriedenstellen. Wenn weder der eine noch der andere das tut, was der andere sich wünscht, dann muß sich in der Beziehung zwangsläufig Unzufriedenheit einstellen, die früher oder später zu einer Trennung führt. Solange keine Kinder da sind, ist das keine Katastrophe. Man trifft sich vor Gericht, man füllt Formulare aus: Man verschwendet lediglich ein paar Blatt Papier. Wenn jedoch Kinder da sind, werden diese ihr Leben lang ein unterschwelliges Gefühl von Trauer und Schmerz empfinden.

Viele Paare trennen sich. Manchmal gibt es dafür gute Gründe, aber meiner Meinung nach wäre es besser, zuerst alles Menschenmögliche daranzusetzen, um doch weiterhin zufrieden miteinander leben zu können. Sicherlich erfordert das eine gewisse Anstrengung und Nachdenken. Ist die Trennung unvermeidlich, dann ist es wichtig, mit Bedacht zu handeln, ohne dem anderen weh zu tun.

Wenn Sie sich also dafür entschließen, mit jemandem zusammenzuleben, überlegen Sie sich die Angelegenheit gut und überstürzen Sie nichts. Und wenn Sie sich fürs Zusammenleben entschieden haben, denken Sie an die Verantwortung, die ein gemeinsames Leben mit sich bringt. Eine Familie ist eine ernste Angelegenheit. Tun Sie alles, was in Ihrer Macht steht, um eine glückliche Familie zu haben; sorgen Sie für ihre Bedürfnisse und die Erziehung der Kinder, damit sie eine glückliche Zukunft haben.

Legen Sie größeren Wert auf Qualität als auf Quantität. Diese Regel gilt für alle Lebenslagen. In einem Kloster ist es besser, weniger, aber dafür ernsthafte Mönche zu haben. In einer Schule kann nicht eine große Schülerzahl ausschlaggebend sein, viel wichtiger ist es, sie gut zu unterrichten. In einer Familie ist es nicht wesentlich, viele Kinder zu haben, wichtiger ist es, daß die Kinder gesund sind und eine gute Erziehung erhalten.

## *An die Unverheirateten*

Es gibt verschiedene Arten von unverheirateten Menschen: jene, die aus religiösen Gründen ein Keuschheitsgelübde abgelegt haben, aber auch Laien. Manche Alleinlebenden haben diese Lebensform freiwillig gewählt, andere wiederum nicht; manche sind glücklich damit, für andere hingegen ist ihr Leben allein nur schwer zu ertragen.

Das Leben in einer Paarbeziehung bietet Vorteile, aber schafft auch eine ganze Menge Probleme. Man muß viel Zeit für den Partner und, so man welche hat, die Kinder aufbringen; man muß sich um sie kümmern; man hat höhere Ausgaben und muß daher mehr arbeiten, man muß Beziehungen zu einer anderen Familie pflegen usw.

Diejenigen, die allein leben, haben meist ein einfacheres Leben: Sie müssen nur einen Bauch füllen, sie haben weniger Verantwortung zu tragen und können tun und lassen, was sie wollen. Wenn sie einen spirituellen Weg suchen oder praktizieren, sind sie frei, dorthin zu gehen, wo ihre spirituellen Bedürfnisse am ehesten gestillt werden. Sie brauchen nur einen Koffer zu packen und können bleiben, wo es ihnen gefällt und solange es ihnen gefällt. Die

Ehelosigkeit kann insofern eine nützliche Wahl sein, als man sich mit größerer Freiheit und Effizienz den Dingen widmen kann, die einem wirklich am Herzen liegen. Sie erlangt aber erst in einem nach religiösen Gesichtspunkten ausgerichteten Leben, auf das ich später noch eingehen werde, ihre volle Bedeutung.

Das alles trifft natürlich nur auf jene Menschen zu, die aus freien Stücken alleine leben. Aber es gibt genug Männer, die allein leben, obwohl sie verzweifelt eine Frau suchen. Manche Frauen hoffen sehnsüchtig, endlich dem Mann ihres Lebens zu begegnen, doch ihr Wunsch geht nicht in Erfüllung. Ihr Problem rührt manchmal daher, daß sie zu sehr auf sich selbst fixiert sind und zu viel von anderen Menschen verlangen. Würden sie nach und nach die umgekehrte Haltung annehmen und sich den anderen öffnen und ihren eigenen Problemen weniger Bedeutung beimessen, dann würden sie ganz von selbst eine positive Reaktion bei einem anderen Menschen hervorrufen. Was soll man ihnen sonst raten? Sollen die Frauen sich mehr schminken? Sollen Männer ihre Muskeln trainieren? Ich scherze. *(lacht)*

## *An alle, die in Gemeinschaft mit anderen leben*

Das Leben in einer Gemeinschaft ist meines Erachtens eine sehr gute Sache, vorausgesetzt, man hat sich frei dafür entschieden. Diese Lebensform ist insofern angemessen, als sie sich aus der natürlichen Abhängigkeit der Menschen voneinander ergibt. In Gemeinschaft zu leben ist fast, als würde man in einer großen Familie leben, in der unsere Bedürfnisse Befriedigung finden können. Man schließt sich einer Gruppe an, weil man gemeinsame Interessen hat. Man arbeitet gemeinsam. Jeder erfüllt seine täglichen Aufgaben und erntet dafür seinen Teil der gemeinsamen Anstrengung. Es scheint mir, als wäre das eine sehr praktische Lösung.

In jeder Gruppe herrschen unterschiedliche Standpunkte. Ich sehe das als Vorteil. Je unterschiedlicher die Meinungen, mit denen man es zu tun hat, desto größer die Chance, ein neues Verständnis für andere Menschen zu gewinnen und sich selbst positiv zu verändern. Läßt man sich jedoch auf einen Kampf mit Andersdenkenden ein, wird die ganze Sache schwierig. Wir sollten uns nicht auf unsere persönlichen Vorstellungen versteifen, sondern mit großer Offenheit den Dialog mit den anderen suchen. Nur so können wir die unterschiedlichen Meinungen abwägen und einen neuen Standpunkt entstehen lassen.

Überall – in den Familien genauso wie in anderen gesellschaftlichen Gruppen – ist es von großer Wichtigkeit, den Dialog zu suchen. Bereits als Kinder sollten wir daher lernen, im Falle eines Streites negative Gedanken zu vermeiden; Gedanken wie »Wie werde ich diesen Typen wieder los?« sollten wir gar nicht erst aufkommen lassen. Wir müssen ja nicht gleich so weit gehen und uns den Kopf darüber zerbrechen, wie wir ihm helfen könnten, aber wir sollten zumindest versuchen zu verstehen, was er sagen will. Diese Haltung sollten wir uns zur Gewohnheit machen. Wenn in der Schule oder in der Familie ein Streit ausbricht, sollten wir den Dialog suchen und solche Wortwechsel dazu nutzen, die Angelegenheit noch einmal zu überdenken.

Wir neigen dazu zu denken, daß eine Unstimmigkeit automatisch Konflikt bedeutet und es in einem Konflikt immer einen Sieger und einen Verlierer geben muß – oder zumindest einen, der sich in seinem Stolz gekränkt fühlt. Vermeiden wir es doch, die Dinge aus diesem Blickwinkel zu betrachten, und suchen wir nach einer Möglichkeit der Verständigung. Das Wesentliche ist, daß wir uns immer für die Meinung des anderen interessieren. Das ist sicher etwas, was uns gelingen kann.

## *An alle, die im Überfluß leben*

Wenn ich reichen Menschen begegne, sage ich ihnen normalerweise, daß Reichtum nach buddhistischer Auffassung ein gutes Zeichen ist, denn danach gilt Reichtum als Frucht eines gewissen Verdienstes, als Beweis dafür, daß man irgendwann einmal großzügig gehandelt hat. Allerdings ist Reichtum nicht gleichbedeutend mit Glück. Wenn dem so wäre, dann wäre, wer reich ist, auch glücklich.

Reiche Menschen unterscheiden sich nicht grundlegend von anderen. Selbst wenn ihr Vermögen unermeßlich groß ist, können sie nicht mehr essen als die anderen, da auch sie nur einen Magen besitzen; und ihre Hände haben auch nicht mehr Finger, die sie mit Ringen schmücken könnten. Sie können es sich natürlich leisten, ausgesuchte, teure Weine zu trinken und die erlesensten Speisen zu essen. Leider schaden sie damit oft ihrer Gesundheit. Viele Menschen, die nicht gezwungen sind, körperlich zu arbeiten, verwenden einen großen Teil ihrer Energie darauf, Sport zu betreiben, aus Angst, dick oder krank zu werden. So wie in meinem Fall: Ich gehe viel zu selten spazieren und muß daher jeden Tag meinen Hometrainer besteigen! Genaugenommen zahlt es sich nicht wirklich aus, reich zu sein, wenn es schließlich darauf hinausläuft! *(lacht)*

Sicherlich ist es befriedigend, sagen zu können: »Ich bin reich!« Das verleiht Energie, und die Gesellschaft interessiert sich für einen. Aber ist das wirklich den ganzen Streß wert, der mit dem Aufbau eines Vermögens einhergeht? Oft verdirbt man es sich mit einem Teil der Familie und der Gesellschaft, man provoziert Eifersucht und Mißgunst bei anderen Menschen. Reiche Leute sind ständig unruhig und auf der Hut.

Der einzige Vorteil, den Reichtum meiner Meinung nach bietet, besteht darin, daß man anderen besser helfen kann. Auf sozialer Ebene spielt man eine wichtigere Rolle, man verfügt über größeren Einfluß. Wenn man in seinem Denken positiv gestimmt ist, kann man viel Gutes bewirken. Ist man seiner Umgebung gegenüber jedoch feindselig eingestellt, dann kann man mit viel Geld noch mehr Unheil anrichten. Ich betone immer wieder, daß wir verantwortlich für diese Welt sind. Wären wir dank unseres Reichtums zum Beispiel in der Lage, etwas Nützliches zu tun, aber wir tun es nicht, dann verhalten wir uns verantwortungslos.

Wir nehmen tagtäglich Nahrung zu uns, die andere für uns angebaut haben, und wir nutzen tagtäglich all die vielen Annehmlichkeiten, die andere für uns bereitstellen. Unterstützen wir den Rest der

Welt, sobald wir genug zum Leben haben! Was gibt es Traurigeres, als ein Leben in Luxus zu verbringen, ohne zum Glück jener Menschen beizutragen, die nicht die gleichen Chancen haben wie wir! Es gibt extrem arme Menschen. Manche haben nicht genug zu essen – ganz zu schweigen von Bildung und ärztlicher Versorgung. Wenn wir reich sind und uns nur für uns selbst interessieren, was mögen dann die von uns denken, die unter derart schwierigen Umständen leben müssen? Wie mögen Menschen reagieren, die von früh bis spät arbeiten und kaum etwas dabei verdienen, wenn sie andere sehen, die im Überfluß schwelgen, ohne sich auch nur im geringsten anstrengen zu müssen? Liefern wir ihnen nicht allen Grund, eifersüchtig und verbittert zu sein? Provozieren wir durch ein solches Verhalten früher oder später nicht zwangsläufig Haß und Gewalt?

Wenn man viel Geld besitzt, sollte man es am besten dafür verwenden, arme und leidende Menschen zu unterstützen und ganz allgemein den Bewohnern dieser Erde zu einem glücklicheren Leben zu verhelfen, indem man Lösungen für ihre Probleme findet. Den Armen zu helfen bedeutet nicht nur, ihnen Geld zu spenden. Es heißt vor allem, ihnen die Möglichkeit zu geben, sich zu bilden, ärztliche Versorgung zu bekommen und sie in die Lage zu versetzen, selbst für die Befriedigung ihrer Bedürfnisse sorgen zu können.

Ganz für sich allein im Überfluß zu leben bringt also überhaupt nichts. Statt daß Sie Ihr Leben damit verbringen, Ihr Geld mit unnützem Luxus zu verschwenden, stellen Sie es doch in den Dienst am anderen. Wenn es Ihnen Spaß macht, Ihren Reichtum zur Schau zu stellen oder enorme Summen beim Spiel auszugeben, kann man sicher nichts dagegen sagen, solange Ihnen dieses Geld gehört und Sie niemandem schaden, aber vielleicht betrügen Sie sich selbst damit: Vielleicht verschwenden Sie Ihr ganzes Leben.

Wenn Sie reich sind, sollten Sie sich auch immer vor Augen halten, daß Sie ein menschliches Wesen sind und sich als solches nicht von einem Armen unterscheiden: Sie brauchen genauso wie alle anderen Ihren inneren Reichtum, und diese Form des Reichtums gibt es nicht zu kaufen.

Im Moment wird die Kluft zwischen Arm und Reich immer größer. Mehr als fünfhundert neue Dollar-Milliardäre sind in den letzten zwanzig Jahren dazugekommen. Im Jahr 1982 gab es deren nur ganze zwölf. Mehr als hundert gibt es jetzt in Asien. Man glaubt immer, Asien sei arm, aber auch in Europa und in Amerika gibt es unzählige mittellose Menschen. Das Phänomen ist also nicht auf den Gegensatz zwischen Orient und Okzident zu reduzieren.

Den großen Ideologien wie dem Kommunismus

ist es nicht einmal ansatzweise gelungen, die Reichen dazu zu bringen, ihren Besitz mit den anderen zu teilen. In unserer Zeit sollte sich jeder selbst der Notwendigkeit zu teilen bewußt werden. Dazu bedarf es natürlich einer tiefgreifenden Veränderung des Denkens: Es bedarf einer neuen Erziehung.

Langfristig haben die Reichen nichts zu gewinnen, wenn sie es zulassen, daß sich die Lage auf der Welt weiter verschlechtert. Sie werden sich nur noch besser vor dem Groll der Armen schützen müssen und daher in ständiger Angst leben, was ja in einigen Ländern bereits jetzt der Fall ist. Eine Gesellschaft, in der die Reichen zu reich und die Armen zu arm sind, bringt Gewalt, Kriminalität und Bürgerkrieg hervor. Für Agitatoren ist es dann ein leichtes, die Benachteiligten aufzuwiegeln, indem sie sie glauben machen, auf ihrer Seite zu kämpfen. Daraus können sich alle möglichen Schwierigkeiten ergeben.

Wenn Sie reich sind und den Armen in Ihrem Umfeld helfen und diese dank Ihrer Hilfe gesünder leben und ihre Talente und Fähigkeiten entwickeln können, dann werden sie Ihnen im Gegenzug Liebe entgegenbringen. Trotz Ihres Reichtums werden Sie der Freund der Armen sein. Die Armen werden zufrieden sein – und Sie selbst auch. Sind Sie nicht auch dieser Meinung? Widerfährt Ihnen ein Unglück, werden sie mit Ihnen leiden. Wenn Sie sich jedoch in Ihrem Egoismus einkapseln und nicht teilen, dann werden sie Sie hassen und sich an Ihrem Leiden ergötzen. Wir sind alle soziale Wesen. Wenn uns unsere Umwelt freundlich gesinnt ist, leben wir automatisch sicherer und glücklicher.

## *An alle, die in Armut leben*

Materielle Armut darf uns nicht daran hindern, großherzige Gedanken zu haben. In Wirklichkeit sind die viel wichtiger als jeder Reichtum. Deshalb besitzen wir von dem Moment an, in dem wir ein Gehirn und einen menschlichen Körper haben, alles, worauf es ankommt – auch wenn wir arm sind –, und es gibt nicht den geringsten Grund zu resignieren und aufzugeben. In Indien sage ich den Angehörigen der untersten Kaste, die um die Anerkennung ihrer Rechte kämpfen, daß wir alle menschliche Wesen sind, daß wir alle über dasselbe Potential verfügen und sie sich nicht entmutigen lassen dürfen, nur weil sie arm sind und von den anderen Kasten ausgestoßen werden.

Es hilft überhaupt nichts, verbittert zu sein und sich gegen die Besitzenden aufzulehnen. Sicher müssen die Reichen die Armen respektieren, und wenn sie ihre Macht mißbrauchen, müssen die Armen sich verteidigen. Aber es führt zu nichts, Neid oder Eifersucht zu hegen. Wenn man selbst reich sein will, dann sollte man viel eher im Rahmen der eigenen Möglichkeiten für bessere Bildung sorgen, als verärgert dazusitzen und nichts zu tun. Wichtig ist, sich die Mittel zu verschaffen, die es braucht, um unabhängig zu sein.

Ich muß immer an die Tausenden von Tibetern denken, die nach Indien geflüchtet sind, nachdem ich ins Exil gegangen war. Sie haben alles verloren, sogar ihre Heimat, und die meisten von ihnen waren völlig mittellos, sie bekamen weder Unterstützung noch adäquate medizinische Versorgung. Sie mußten unter sehr schwierigen Bedingungen bei Null anfangen. Alles, was sie hatten, waren Zelte, mit denen sie sich vor der Hitze und dem Monsun schützen konnten. Sie mußten im Urwald Parzellen roden, die man ihnen zugeteilt hatte, und sie starben zu Hunderten an Krankheiten, die in Tibet unbekannt sind. Und trotzdem haben nur ganz wenige von ihnen die Hoffnung verloren, und erstaunlich schnell gelang es ihnen, diese Schwierigkeiten zu überwinden und ihre Lebensfreude wiederzugewinnen. Das zeigt, daß man mit der rechten inneren Einstellung auch unter schlimmsten Bedingungen glücklich sein kann.

Wir dürfen nicht dem Irrglauben verfallen, daß uns Komfort und Reichtum Glück bringen könnten, wenn in unserem Inneren kein Friede herrscht.

Sicher hat jeder die Freiheit, seine materielle Armut auch noch durch innere Armut zu verstärken. Erstrebenswerter ist es jedoch, eine positive Haltung einzunehmen. Damit möchte ich nicht sagen, daß man sich nicht anstrengen soll, um die Armut zu überwinden. Wenn Sie Opfer eines Unrechts sind, dann kämpfen Sie um Ihre Rechte und verhelfen Sie der Wahrheit zum Sieg, das ist sehr wichtig. In Demokratien ist die Tatsache, daß das Gesetz für alle in gleicher Weise gilt, sehr hilfreich. Aber bewahren Sie sich immer Ihre gute, freundliche Haltung.

## *An die Kranken*

Heute macht die Medizin große Fortschritte. Aber trotz allem spielt die geistige Verfassung eine Schlüsselrolle bei der Verhütung und Heilung von Krankheiten. Das ist nicht zu leugnen.

Körper und Geist sind eng miteinander verbunden und beeinflussen einander gegenseitig. Deswegen dürfen Sie nie die Hoffnung verlieren, egal, wie schwer Ihre Krankheit ist. Sagen Sie sich, daß es immer ein Medikament gibt und Sie Chancen auf eine Heilung haben. Halten Sie sich stets vor Augen, daß es nichts bringt, sich zu quälen, denn das verstärkt das Leiden nur noch zusätzlich. Ich zitiere sehr gerne die Worte des indischen Weisen Shantideva, der ungefähr folgendes sagte: Wenn es ein Heilmittel gibt, wozu sich dann überhaupt Sorgen machen? Nehmen wir doch einfach das Heilmittel. Wenn es kein Heilmittel gibt, wozu sich dann Sorgen machen? Das verschlimmert nur unseren Schmerz.

Die beste Medizin ist die Vorbeugung. Sie hängt eng mit unserer Ernährung und unseren Gewohnheiten zusammen. Viele Menschen betreiben einen Mißbrauch von Alkohol oder Tabak. Für einen minimalen, vergänglichen Genuß, der auf den Geschmack und die Wirkung der darin enthaltenen Substanzen zurückzuführen ist, ruinieren sie ihre Gesundheit. Andere machen sich krank, indem sie zu viel essen. Ich kenne praktizierende Buddhisten, die an Retreats teilnehmen und sich guter Gesundheit erfreuen, solange sie sich in ihren Einsiedeleien in den Bergen aufhalten. Aber sobald sie ihre Familie oder Freunde besuchen, um das Neujahrsfest oder irgendeinen anderen Anlaß zu feiern, schaffen sie es nicht, ihren Appetit zu zügeln, und werden krank. *(lacht)*

Der Buddha sagte seinen Mönchen, es sei ein Fehler, nicht genug zu essen, denn das schwächt den Körper, aber er betonte auch, daß man durch ein zu ausschweifendes Leben seine Energie aufbraucht. Er forderte uns damit auf, unsere Wünsche zu reduzieren und uns mit dem, was wir haben, zu begnügen und uns spirituell zu entwickeln. Aber er meinte damit auch, daß wir auf unsere Gesundheit achten sollten. Egal, ob wir zu viel oder zu wenig essen: Beides kann krank machen. In unserem alltäglichen Leben sollten wir das eine und das andere Extrem vermeiden.

## *An die Behinderten und alle, die sie pflegen*

Wenn Sie körperlich behindert sind, dann sollten Sie sich sagen, daß wir im Grunde unserer selbst alle gleich sind. Selbst wenn eines Ihrer Sinnesorgane seinen Dienst versagt, funktioniert Ihr Geist wie der aller anderen Menschen. Lassen Sie sich nicht entmutigen, versuchen Sie, in sich selbst Sicherheit zu finden. Sie sind ein Mensch, der etwas aus seinem Leben machen kann.

Ich habe einmal eine Schule für Stumme besucht. Auf den ersten Blick waren diese Kinder nicht in der Lage, wie wir zu kommunizieren. Aber in Wirklichkeit bedienten sie sich bloß anderer Mittel und konnten genauso gut lernen wie alle anderen. Heutzutage können mit Hilfe von Apparaten auch Blinde lesen und schreiben. Ja, es gibt sogar so manchen blinden Schriftsteller. Ich habe im indischen Fernsehen einen Mann ohne Arme gesehen, der mit seinen Füßen schreibt. Es ging zwar nicht sehr schnell, aber er zeichnete die Buchstaben sehr genau.

Egal, was kommt, verlieren Sie nie den Mut. Wer sich immer wieder sagt »Ich werde es schaffen«, wird auch sein Ziel erreichen. Wenn Sie hingegen denken »Das ist unmöglich, ich verfüge nicht über alle notwendigen Fähigkeiten, ich schaffe es nie«, dann werden Sie es auch nicht schaffen. Ein tibetisches Sprichwort sagt treffend: »Man entkommt dem Elend nicht, indem man seinen Mut verliert.« Was ich hier sage, gilt natürlich nicht für Menschen, deren Gehirn geschädigt ist und die unfähig sind, normal zu denken.

Kommt ein Kind behindert auf die Welt, dann versteht es sich von selbst, daß die Eltern und oft auch der Rest der Familie Momente des Kummers und der Verzweiflung durchmachen. Aber von einem anderen Blickwinkel aus gesehen, liegt im Umsorgen anderer eine Quelle des Glücks und der Befriedigung. In buddhistischen Texten heißt es, man solle Wesen, die leiden und sich nicht verteidigen können, besondere Liebe entgegenbringen. Je mehr man ihnen hilft, desto tiefer das befriedigende Gefühl, wirklich nützlich zu sein.

Anderen Menschen zu helfen ist ganz allgemein das Beste, was Menschen tun können. Wenn zufällig jemand in Ihrer unmittelbaren Umgebung vollkommen mittellos und wehrlos ist oder an einer unheilbaren Behinderung leidet, dann sagen Sie sich, daß Ihnen eine einzigartige Gelegenheit geboten wird, und stellen Sie sich voller Freude in den Dienst dieses Menschen. Wenn Sie dies jedoch als eine unangenehme Verpflichtung empfinden, dann wird Ihr Handeln nicht vollkommen sein, und es werden dadurch unnötige Schwierigkeiten entstehen.

## *An die Sterbenden und alle, die ihnen beistehen*

Der Tod ist ein kritischer Augenblick, und es ist sinnvoll, sich gut auf ihn vorzubereiten. Machen wir uns die Unausweichlichkeit des Todes bewußt. Anerkennen wir, daß er untrennbar zum Leben gehört, da das Leben einen Anfang und ein Ende haben muß. Es ist müßig, ihm entkommen zu wollen.

Wenn wir diesen Gedanken sehr früh in uns verankern, dann wird uns der Tod in dem Moment, in dem er sich einstellt, nicht als plötzliches, außergewöhnliches Ereignis erscheinen, sondern wir werden auf andere Art und Weise mit ihm umgehen können.

Es stimmt, daß die meisten von uns davor zurückschrecken, an den eigenen Tod zu denken. Wir verbringen den größten Teil unseres Lebens damit, Dinge anzuhäufen und unzählige Projekte durchzuführen, ganz so, als würden wir ewig leben, als wäre es nicht sicher, daß wir eines Tages, vielleicht sogar morgen, gehen und alles hinter uns lassen müssen.

Nach buddhistischer Auffassung ist es wichtig, sich schon jetzt darin zu üben, auf die rechte Art und Weise zu sterben. Wenn die Lebenskräfte ihren Dienst einstellen, löst sich die grobe Schicht des Geistigen auf, und das feine Bewußtsein, das keinen körperlichen Träger braucht, kommt zum Vorschein. Das bietet demjenigen, der sich entsprechend vorbereitet hat, die einmalige Chance, einen Schritt in Richtung Erwachen zu tun. Aus diesem Grund finden wir vor allem in den Tantras[1] zahlreiche Meditationsmethoden beschrieben, die auf den Tod vorbereiten.

Wenn Sie gläubig sind, dann machen Sie sich im Moment des Sterbens Ihren Glauben bewußt und beten Sie. Glauben Sie an Gott, so sagen Sie sich, daß es zwar traurig ist, am Ende des Lebens angelangt zu sein, daß es aber gottgewollt ist und es einen tieferen Grund geben muß, der sich unserem Verstehen entzieht. Diese Vorstellung wird Ihnen gewiß hilfreich sein.

Wenn Sie als Buddhist an die Wiedergeburt glauben, dann ist der Tod für Sie nur ein Austausch der körperlichen Hülle: Es ist, als würde man neue Kleider anziehen, wenn die alten abgetragen sind. Wenn sich unser physischer Träger aufgrund innerer und äußerer Ursachen nicht mehr am Leben erhalten kann, dann ist der Augenblick gekommen, ihn aufzugeben und einen neuen anzunehmen. Unter diesen Umständen bedeutet Sterben nicht das Ende der Existenz.

1 Die buddhistischen Tantras sind grundlegende Texte des Vajrayana (siehe Fußnote 3, Seite 39).

Für jeden Gläubigen – egal ob er nun an Wiedergeburt glaubt oder nicht – kommt es im Moment des Todes darauf an, die Gedanken des groben Bewußtseins auszuschalten und in sich den Glauben an Gott oder einen anderen positiven Geisteszustand hervorzurufen. Im Idealfall hält der Sterbende seinen Geist so klar wie nur irgend möglich und vermeidet alles, was ihn trüben könnte. Wenn der Sterbende jedoch zu sehr leidet und es nichts mehr gibt, was ihn zu einer heilsamen Haltung motivieren könnte, dann ist es besser, wenn er nicht in einem vollkommen bewußten Zustand stirbt. In diesem Fall ist es angebracht, ihm Beruhigungs- oder Betäubungsmittel zu verabreichen.

Für all jene Menschen, die keiner Religion angehören oder keinen spirituellen Weg gehen und deren Denken eine religiöse Weltsicht fremd ist, ist es im Moment des Todes sehr wichtig, ruhig und entspannt zu sein und sich zu vergegenwärtigen, daß der Tod ein natürlicher Prozeß, ein Teil des Lebens ist.

Wenn Sie einem Sterbenden beistehen, dann nehmen Sie eine Haltung ein, die seiner Persönlichkeit und der Natur seiner Krankheit entspricht und die auch berücksichtigt, ob er gläubig ist oder nicht und ob er an eine Wiedergeburt glaubt oder nicht. Vermeiden Sie es, wenn irgendwie möglich, aktiv Sterbehilfe zu praktizieren. Tun Sie alles, um ihm zu helfen, sich zu entspannen, indem Sie rund um ihn eine friedliche Atmosphäre schaffen. Wenn Sie sich aufregen, dann wird der Geist des Sterbenden von allen möglichen Gedanken gestört, und er wird sich schlecht fühlen. Buddhistisch gesprochen, laufen Sie dann Gefahr, in ihm negative Tendenzen hervorzurufen.

Gehören Sie der gleichen Religion an wie der Sterbende, dann erinnern Sie ihn an ihm vertraute Übungen oder helfen Sie ihm, seinen Glauben neu zu beleben. Im Augenblick des Todes wird sein Geist an Klarheit verlieren. Es wäre unsinnig, ihn aufzufordern, eine Übung durchzuführen, die ihm nicht sehr geläufig ist. Sobald sich sein grobes Bewußtsein aufgelöst und die Phase des feinen Bewußtseins eingesetzt hat, kann ihm nur mehr die Kraft seiner spirituellen Praxis und positiver Gedanken helfen.

Wenn der Kranke ins Koma fällt und nichts mehr da ist außer dem Kommen und Gehen seines Atems; wenn alle Gedanken geschwunden sind und es unmöglich ist, seinen Geist aus der Nichtbewußtheit zurückzuholen, dann handeln Sie je nach den Erfordernissen der Situation. Ist die Familie des Sterbenden wohlhabend und ist ihr der Sterbende so teuer, daß sie alles versuchen will, um ihn am Leben zu erhalten, und sei es auch nur einen Tag, dann ist es wichtig, dies zu versuchen. Auch wenn es dem Sterbenden überhaupt nicht zu helfen vermag: Sie können damit die Wünsche der Menschen, die ihn lieben, erfüllen.

Gibt es keine Hoffnung, den Sterbenden wieder zu Bewußtsein zu bringen, und wäre dies außerdem ein viel zu kostspieliges Unterfangen, das die Angehörigen oder andere in Schwierigkeiten bringen könnte, dann ist es besser, sich einfach vom Sterbenden zu verabschieden.

Ich möchte hinzufügen, daß man nach buddhistischer Auffassung zwar alles tun sollte, um dem Sterbenden Leiden zu ersparen, aber es muß klar sein, daß der Sterbende dem Leiden nicht entkommen kann, denn er hat es ja selbst verursacht. Mit anderen Worten: Er leidet aufgrund seiner früheren Handlungen – seines Karma –, und die Wirkung dieser Handlungen ist unausweichlich. Befände er sich an einem Ort, an dem die materiellen Bedingungen sehr unzureichend sind, oder in einer anderen Existenzform, in der niemand für ihn sorgen kann, dann würde er noch mehr leiden. Da aber jetzt andere für ihn sorgen und seine Bedürfnisse stillen, ist es besser, wenn er in seinem gegenwärtigen Körper leidet. Natürlich ist es in erster Linie Angelegenheit der Familie und der engen Angehörigen zu entscheiden, ob sein Leben künstlich verlängert werden soll oder nicht.

## *An alle, die viel arbeiten und wenig Freizeit haben*

Manche meiner Freunde nenne ich »Sklaven des Geldes«. Ohne sich einen Augenblick der Entspannung zu gönnen, sind sie ständig unterwegs und reisen von Japan in die Vereinigten Staaten und dann weiter nach Korea und wagen es nicht einmal, Urlaub zu nehmen.

Natürlich kann man sich nur darüber freuen, wenn ihre Aktivitäten dem Wohl anderer oder der Entwicklung ihres Landes zugute kommen. Wer ein hohes Ziel verfolgt und Tag und Nacht an dessen Verwirklichung arbeitet, verdient unser Lob. Aber selbst in diesem Fall ist es gut, sich von Zeit zu Zeit eine Erholungsphase zu gönnen und sich seiner Gesundheit zu widmen. Es ist besser, eine gute Sache langfristig zu betreiben, und sei es mit geringerem Einsatz, als sich für kurze Zeit über Gebühr anzustrengen.

Wenn eine solch hektische Aktivität nur der Befriedigung des persönlichen Ehrgeizes dient und man sich letzten Endes nur verausgabt und seine Gesundheit ruiniert, dann ist es, als würde man sich selbst für nichts und wieder nichts zerstören.

## *An alle, die im Gefängnis sind und die sie dorthin bringen*

Im allgemeinen landen Menschen, die ein Verbrechen begangen haben, im Gefängnis und werden damit aus der Gesellschaft ausgeschlossen. In ihren eigenen Augen sind sie dann schlechte Elemente, die die Gemeinschaft nicht mehr haben will. Da sie keine Hoffnung haben, sich bessern oder ein neues Leben beginnen zu können, verhalten sie sich den anderen Häftlingen gegenüber oft gewalttätig und mißbrauchen die Schwächeren. Unter solchen Umständen stehen die Chancen auf Besserung schlecht.

Ich denke oft darüber nach, daß mancher Heerführer, der Tausende von Menschen getötet hat, als Held verehrt wird: Man findet, er habe außergewöhnliche Taten vollbracht, und stimmt ein Loblied auf ihn an. Aber wenn ein vollkommen verzweifelter Mensch jemanden tötet, dann behandelt man ihn als Mörder, sperrt ihn ein oder exekutiert ihn sogar. Auch gibt es Menschen, die sich ungeheure Summen aneignen, die ihnen nicht zustehen, ohne je verfolgt zu werden. Wenn jedoch jemand aus purer Verzweiflung ein paar Geldscheine stiehlt, so wird er in Handschellen abgeführt und ins Gefängnis gesteckt.

Im Grunde sind wir alle potentielle Verbrecher,

und die, die wir ins Gefängnis werfen, sind in ihrem Inneren nicht schlechter als wir selbst. Sie sind der Verblendung, der Begierde und der Wut erlegen – alles Krankheiten, unter denen auch wir leiden, der eine mehr, der andere weniger. Unsere Pflicht ist es, den anderen zu helfen, wieder gesund zu werden.

Die Gesellschaft darf diejenigen, die einen Fehler begangen haben und als Kriminelle eingestuft werden, nicht ausschließen. Auch Kriminelle sind nach wie vor vollwertige menschliche Wesen, die Teil unserer Gesellschaft sind und sich sehr wohl verändern können. Man muß in ihnen die Hoffnung und den Wunsch wecken, ihrem Leben eine neue Richtung zu geben.

Ich habe einmal das Gefängnis von Delhi Tihar in Indien besucht, wo eine Polizistin namens Kirian Bedi sich mit großer Menschlichkeit um die Häftlinge bemüht. Sie gibt ihnen eine Art spirituelle Unterweisung, lehrt sie zu meditieren und zeigt ihnen Wege zur Erlangung eines inneren Friedens, der sie von ihren Schuldgefühlen befreit. Die Häftlinge sind glücklich, wenn sie merken, daß man sie liebt und sich mit ihnen auseinandersetzt. Noch vor ihrer Entlassung verwandeln sie sich in zufriedene Wesen, die wieder Vertrauen in die menschlichen Werte haben und wieder fähig sind, innerhalb der Gesellschaft zu leben. Wie man sieht, kann man auf diese Weise viel erreichen.

Auch in den Vereinigten Staaten habe ich Buddhisten kennengelernt, die sich der Häftlinge annehmen. Ich habe sie in ihrer Arbeit bestärkt und ihnen gesagt, daß ich ihre Arbeit äußerst sinnvoll finde.

Die Situation junger Straffälliger ist besonders traurig: Da hat ein Leben gerade erst begonnen, und schon ist es wieder verpfuscht. Ein Mangel an Erfahrung und ein sozial schwieriges Milieu verleiten sie dazu, etwas Unrechtes zu tun – und das zu einem Zeitpunkt, wo sie noch nicht die Zeit hatten, sich darüber klarzuwerden, was sie überhaupt mit ihrem Leben anfangen sollen.

Der wichtigste Rat, den ich jungen Straffälligen, aber auch allen anderen Häftlingen mitgeben möchte, ist folgender: Gebt nie die Hoffnung auf, euch bessern zu können. Sagt euch immer: »Ich erkenne meinen Fehler, ich werde ihn wiedergutmachen, ich werde positiv handeln, ich werde den anderen nützlich sein.« Wir sind alle imstande, uns zu verändern. Wir besitzen alle dasselbe Gehirn, dasselbe Potential. Nur wenn wir unwissend oder verwirrt sind, können wir sagen, daß es für uns keine Hoffnung mehr gibt.

Arme Häftlinge! Sie haben einen Fehler begangen, weil sie plötzlich von negativen Emotionen übermannt wurden, und jetzt sind sie aus der Gesellschaft ausgeschlossen und haben nichts mehr von diesem Leben zu erwarten.

## *An die Homosexuellen*

Viele Leute fragen mich, was ich über Homosexualität denke. Für diejenigen, die einer Religion angehören, ist es sicher das Beste, sich bei der Entscheidung, was sie tun oder lassen sollen, von ihrem Glauben leiten zu lassen. Manche Christen meinen, Homosexualität sei ein schweres Vergehen, andere teilen diese Meinung nicht. Manche Buddhisten stehen zu ihrer Homosexualität, andere wiederum sind der Ansicht, daß Homosexualität und Buddhismus einander praktisch ausschließen.

In den grundlegenden Texten des Buddhismus ist von zehn schädlichen Taten die Rede, die es zu vermeiden gilt. Dazu zählt auch sexuelles Fehlverhalten.[1] Damit ist vor allem gemeint, daß man einem Menschen nicht seinen Partner wegnehmen darf, es fallen aber auch Homosexualität sowie oraler oder analer Verkehr und Masturbation darunter. Das bedeutet aber nicht, daß solche Praktiken einen Ausschluß aus dem Buddhismus zur Folge haben. Kei-

1 Die neun anderen Fehlverhalten sind: Mord, Diebstahl, Verleumdung, Lüge, verletzende Worte, sinnloses Geschwätz, Habgier, Übelwollen und irrige Ansichten.

nes der zehn Fehlverhalten – nicht einmal Mord – bewirkt, daß man dadurch aufhört, Buddhist zu sein. Wer einen anderen Menschen tötet, begeht natürlich eine äußerst schädliche Handlung. Wenn ein Mönch versucht, ein derartiges Verbrechen auch noch zu vertuschen, bricht er damit sein Mönchsgelübde und schließt sich so aus dem Mönchsorden aus. Aber er kann weiterhin den Weg praktizieren.

Wenn Sie keiner Religion angehören und eine sexuelle Beziehung mit einem Menschen des gleichen Geschlechts eingehen wollen, die auf gegenseitigem Einverständnis beruht und bei der keinerlei Mißbrauch oder Vergewaltigung im Spiel ist, und wenn Sie eine gewaltfreie Befriedigung darin finden, so habe ich nichts dagegen einzuwenden. Meiner Meinung nach ist es sogar ungerecht – und das ist ein wichtiger Punkt –, daß Homosexuelle manchmal auf gesellschaftliche Ablehnung stoßen, bestraft werden oder ihre Arbeit verlieren. Man darf sie nicht auf eine Stufe mit Kriminellen stellen.

Nach meinem Verständnis und nach allgemeiner buddhistischer Auffassung stellt Homosexualität in erster Linie einen Verstoß gegen manche Verhaltensregeln dar; im Unterschied zu einer Vergewaltigung, einem Mord oder anderen Handlungen, die Menschen Leid zufügen, ist sie aber an sich nicht schädlich. Genau das gleiche gilt auch für die Masturbation. Deshalb gibt es überhaupt keinen Grund,

Homosexuelle auszugrenzen oder ihnen gegenüber eine diskriminierende Haltung einzunehmen.

Ich möchte hinzufügen, daß es auch nicht richtig ist, systematisch alle Religionen zu verdammen, die sexuelles Fehlverhalten untersagen, nur weil dies nicht unseren Vorstellungen oder unserer Lebensweise entspricht. Bevor wir eine Regel kritisieren, sollten wir versuchen, die wahren Hintergründe zu verstehen.

# DIE FUNKTIONEN
# IN DER GESELLSCHAFT

## *An die Politiker*

Die Politiker machen oft viele Versprechungen, um sich die Gunst und die Unterstützung der Wähler zu sichern. »Ich werde dies machen, ich werde jenes machen, ihr werdet schon sehen.« Aber wenn sie wollen, daß man sie achtet und schätzt, wäre es meines Erachtens wichtiger, daß sie ehrlich sind und ihre Überzeugungen aufrichtig zum Ausdruck bringen.

Passen sich unsere Aussagen den Umständen an, so werden die Menschen das merken und sich wundern. »Einmal hat er das gesagt, und jetzt sagt er das Gegenteil. Was soll nun stimmen?« Ehrlichkeit ist eine ganz wesentliche Eigenschaft. In unserer Zeit, in der die Medien alles, was bekannte Persönlichkeiten von sich geben und tun, auf die Waagschale legen, ist es noch wichtiger als früher, seinen ehrlichen Überzeugungen treu zu bleiben und zu ihnen zu stehen, egal, wie die Umstände sich ändern. Wenn wir immer ehrlich sind, dann werden uns auch alle, denen unsere Ideen gefallen, unterstützen und sich uns anschließen. Wenn wir uns jedoch opportunistisch verhalten, wenn wir vor den Medien alle möglichen Versprechungen abgeben, aber nach der nächsten

Wahl unseren früheren Aussagen keine Bedeutung mehr beimessen, dann wird unsere Rechnung nicht aufgehen. Ein solches Verhalten ist nicht nur unmoralisch, es ist auch dumm. Bei den nächsten Wahlen werden wir die Rechnung dafür präsentiert bekommen. Wozu geben wir uns so viel Mühe, wenn wir ohnehin nur einmal ein Mandat erhalten?

Sobald man an die Macht gelangt ist, muß man sich sehr genau überlegen, was man tut, aber auch, was man denkt. Wenn man Minister, Präsident oder eine andere mächtige Persönlichkeit ist, dann wird man von allen Seiten hofiert und geehrt, und man verfügt über großen Einfluß. In einer solchen Stellung muß man sich seiner Gedanken und Motive besonders bewußt sein, denn sonst läuft man Gefahr, den eigentlichen Sinn seiner Mission aus den Augen zu verlieren. Je mehr Leibwächter man um sich hat, desto genauer muß man selbst seinen Geist bewachen.

Manche Menschen hegen die besten und reinsten Absichten, bevor sie in ein Amt gewählt werden. Aber sobald sie einmal einen Posten bekleiden, sind sie ganz von sich eingenommen und vergessen vollkommen, welches Ziel sie sich eigentlich gesetzt hatten. Sie nehmen sich selbst als gute Menschen wahr, die die Wähler schützen, und fühlen sich unabkömmlich. Sie glauben, sie könnten sich deshalb gewisse Launen erlauben und tun und lassen, was sie wollen, ohne Rechenschaft ablegen zu müssen. Selbst wenn sie verwerfliche Dinge tun, sagen sie sich, daß es schon nicht so schlimm sein wird, denn sie erfüllen ihre Aufgabe ja sonst mit großer Hingabe. Solche Menschen sind anfällig für Korruption.

Sobald wir über Macht und Einfluß verfügen, müssen wir doppelt wachsam sein.

Heutzutage haben die Menschen wenig Vertrauen in Politiker. Das ist traurig. Für viele ist die Politik ein »schmutziges Geschäft«. Tatsächlich ist die Politik nicht an sich schmutzig. Es sind die Menschen, die sie schmutzig machen. Genauso wenig kann man behaupten, eine Religion sei von Natur aus schlecht, aber manchmal mißbrauchen korrupte Anhänger einer Religion den Glauben. Die Politik wird erst dann schmutzig, wenn sich die Politiker nicht moralisch verhalten. Das wirkt sich auf uns alle negativ aus, denn die Politiker sind unverzichtbar. Vor allem in Demokratien brauchen wir unbedingt eine Vielzahl von Parteien, von denen einige an der Macht und einige in der Opposition sind – und deshalb brauchen wir Politiker und politische Parteien, die unseren Respekt verdienen.

Zur Entlastung der Politiker sollten wir uns aber immer vor Augen halten, daß es die Gesellschaft ist, die die Politiker hervorbringt. Wenn eine Gesellschaft nur an Geld und Macht denkt, ohne sich um die moralischen Aspekte zu kümmern, dann dürfen wir uns nicht wundern, wenn die Politiker korrupt sind, und wir dürfen sie auch nicht alleine für diesen Zustand verantwortlich machen.

## *An die Juristen*

In einer Gesellschaft muß man zwangsläufig gewisse Gesetze befolgen. Wer einen Fehler begeht oder durch seine Handlungen Schaden verursacht, muß bestraft werden; wer sich gesetzeskonform verhält, muß darin bestärkt werden. Das System kann nur dann gut funktionieren, wenn es Gesetze gibt – und Menschen, die darauf achten, daß die Gesetze eingehalten werden. Wenn diese Hüter des Gesetzes selbst nicht integer sind, dann wird das System ungerecht. Ist nicht genau das in gewissen Ländern zu beobachten, daß die Reichen und Mächtigen nicht verfolgt werden und keine Probleme haben, ihre Prozesse zu gewinnen, während den Armen schwere Strafen aufgebrummt werden? Europa scheint hier ein besseres Beispiel abzugeben. Im Orient ist es oft das Geld, das darüber entscheidet, ob jemand schuldig oder unschuldig ist. Das ist traurig.

Gestern hat mir jemand erzählt, die Richter in den Vereinigten Staaten seien entweder für oder gegen die Abtreibung, hätten aber keine differenzierte Sicht der Dinge. Dabei ist es etwas völlig anderes, ob man aus triftigen Gründen abtreibt – wenn zum Beispiel das Leben der Mutter auf dem Spiel steht und man sich zwischen dem Leben der Mutter und dem des Babys entscheiden muß – oder ob man abtreibt, weil die Geburt eines Kindes einen daran hindert, Urlaub zu machen oder neue Möbel anzuschaffen. Aber aus der Sicht gewisser Richter besteht zwischen diesen beiden Situationen offenbar kein Unterschied. Es wäre gut, dieses Thema einmal im Detail zu untersuchen, um genau entscheiden zu können: In diesem Fall ist die Abtreibung untersagt, in jenem ist sie erlaubt.

Vor kurzem hat mich ein argentinischer Richter gefragt, was ich von der Todesstrafe als Mittel, dem Recht zur Geltung zu verhelfen, halte. Meiner Meinung nach ist die Todesstrafe aus vielerlei Gründen inakzeptabel, und ich wünsche mir von Herzen, man würde sie eines Tages überall auf der Welt abschaffen. Die Todesstrafe ist vor allem deswegen eine äußerst einschneidende Maßnahme, weil sie dem Verurteilten jede Möglichkeit nimmt, Wiedergutmachung zu leisten. Auch ein Krimineller ist ein Wesen wie alle anderen, das sich je nach den Umständen bessern kann, so wie wir alle – Sie genauso wie ich – uns in gewissen Situationen schlecht verhalten. Geben wir einem Kriminellen eine Chance. Betrachten wir ihn nicht als Wesen, das ein ganzes Leben lang gefährlich bleibt und dessen man sich aus diesem Grund ein für alle Male entledigen muß.

Wenn unser Körper krank ist, zerstören wir ihn

ja auch nicht, sondern versuchen, ihn zu heilen. Warum sollten wir kranke Elemente der Gesellschaft zerstören, statt zu versuchen, sie gesund zu pflegen?

Ich stellte diesem Richter meinerseits eine Frage: »Angenommen, zwei Menschen haben das gleiche Verbrechen begangen und sind zu lebenslanger Haft verurteilt worden. Der eine ist Junggeselle, der andere hat kleine Kinder und ist deren einziger Verwandter, weil die Mutter gestorben ist. Wenn sie den zweiten einsperren, haben die Kinder niemanden mehr, der sich um sie kümmert. Was machen Sie in einer solchen Situation?«

Der Richter antwortete mir, daß das Gesetz für beide Männer die gleiche Strafe vorsieht. Es sei die Gesellschaft, die sich der Erziehung der Kinder annehmen müsse.

Ich konnte mir nicht helfen, aber auch wenn beide Männer aufgrund ihres Verbrechens die gleiche Strafe erhalten müßten, so besteht für mich da trotz allem ein enormer Unterschied, denn indem man den Vater bestraft, bestraft man auch die Kinder, die sich nichts zuschulden haben kommen lassen. Der Richter meinte nur, das Gesetz wisse auf solche Fragen keine Antwort.

Es wäre wohl an der Zeit, daß die Juristen beginnen, sich solche Fragen zu stellen.

## *An alle, denen das Schicksal des Planeten am Herzen liegt*

Eine Handvoll Intellektuelle und Religionsvertreter und zahlreiche Wissenschaftler sind sich der gravierenden Probleme, die unsere Welt betreffen, sehr bewußt: Klima, Kriege, Hungersnöte, das Leiden eines großen Teils der Weltbevölkerung, die Kluft zwischen armen und reichen Nationen. Doch sie beschränken sich darauf, ihren Standpunkt zu erklären, die konkreten Taten aber einer kleinen Anzahl von Organisationen zu überlassen.

In Wirklichkeit sind wir alle betroffen. Wir alle sind verantwortlich. Auch das gehört zur Demokratie, meine ich. Wir alle müssen tun, was wir können, mit den anderen zusammenarbeiten, die Probleme diskutieren und die Verantwortlichen zu positiven Taten anhalten. Wir müssen alle Mißstände entschlossen kritisieren und die Vereinten Nationen und die Regierungen anrufen. Wenn wir das tun, haben wir die Möglichkeit, etwas zu bewirken.

Manche halten mich für eine Art Prophet. Ich spreche aber einfach nur im Namen zahlloser Menschen, die unter Armut, Krieg und Waffenhandel leiden und nicht die Möglichkeit haben, ihrer Stimme Gehör zu verschaffen. Ich bin nur ein

Sprachrohr. Ich strebe keinerlei Macht an, ich habe auch nicht die Absicht, mich gegen die Welt zu stellen. Dazu hätte ich gar nicht den Mut! *(lacht)*

Es ist nicht die Aufgabe eines von weit her gekommenen Tibeters, eine solch außerordentliche Verantwortung zu übernehmen und sich in einen derartigen Kampf zu stürzen. Das wäre töricht. Für einen Mann in meinem Alter wäre es vielmehr an der Zeit, sich zurückzuziehen! Ich wünsche mir, ich hätte mehr Zeit zum Meditieren, um zu einer tieferen inneren Erfahrung finden zu können.

Aber ich werde unerschütterlich in meinem Engagement sein, bis zu meinem Tod, selbst wenn ich im Rollstuhl zu Vorträgen gebracht werden muß!

## *An die Lehrer*

Ich bin überzeugt davon, daß Fortschritt oder Verfall der Menschheit zu einem guten Teil von den Erziehern und Lehrern abhängt und diese daher eine große Verantwortung zu tragen haben.

Wenn Sie unterrichten, dann seien Sie bemüht, nicht nur Wissen zu vermitteln, sondern versuchen Sie auch, in Ihren Schülern ein Gefühl für die grundlegenden menschlichen Qualitäten zu wecken und in ihnen Redlichkeit, Mitgefühl, die Fähigkeit zu verzeihen und Verständnis für andere Menschen wachsen zu lassen. Diese Themen sollen nicht nur der traditionellen Moral oder der Religion vorbehalten sein. Zeigen Sie Ihren Schülern, daß diese Eigenschaften für das Glück und das Überleben der Welt ganz einfach unverzichtbar sind.

Lehren Sie Ihre Schüler, mit anderen in Dialog zu treten und Konflikte ohne Gewaltanwendung zu lösen; lehren Sie sie, sich im Falle von Unstimmigkeiten für das zu interessieren, was der andere denkt. Bringen Sie ihnen bei, die Dinge nicht von einem engen Standpunkt aus zu beurteilen und nicht nur an *sich selbst*, an *ihre* Gemeinschaft, *ihr* Land, *ihre* Rasse zu denken, sondern sich bewußt zu werden, daß alle Wesen die gleichen Rechte und die gleichen Bedürfnisse haben. Versuchen Sie, in ihnen ein Gefühl für Verantwortung zu wecken, zeigen Sie ihnen, daß nichts, was wir tun, wirkungslos ist, sondern alles den Rest der Welt beeinflußt.

Begnügen Sie sich nicht mit Worten, seien Sie selbst ein Vorbild. Dann werden sich die Schüler besser an das erinnern, was Sie ihnen sagen.

Kurz gesagt: Zeigen Sie sich in jeder Hinsicht verantwortlich für die Zukunft Ihrer Schüler.

## *An die Wissenschaftler*

Es gibt zwar einige Bereiche in Wissenschaft und Technik, in denen Entdeckungen keine schwerwiegenden Konsequenzen haben, aber das gilt sicher nicht für Bereiche wie Genetik oder Nuklearphysik, deren Anwendung äußerst nützlich, aber auch äußerst schädlich sein kann. Die Wissenschaftler, die in solch heiklen Gebieten tätig sind, sollten sich ihrer Verantwortung bewußt sein und nicht die Augen vor den möglichen Katastrophen schließen, die ihre Arbeit nach sich ziehen kann.

Spezialisten haben oft eine viel zu eingeschränkte Sicht. Manchmal geben sie sich nicht wirklich die Mühe, ihre Forschungen in einen größeren Zusammenhang zu stellen. Ich will ihnen damit keine bösen Absichten unterstellen, aber wenn sie sich ausschließlich mit einem sehr speziellen Gebiet beschäftigen, bleibt ihnen gar nicht die Zeit zu bedenken, welche langfristigen Wirkungen ihre Entdeckungen haben könnten. Ich bewundere Einstein, weil er vor den möglichen Gefahren seiner eigenen Forschung im Bereich der Kernspaltung gewarnt hat.

Oberste Priorität für einen Wissenschaftler muß es sein, mit seiner Arbeit nicht zu schaden. Ich denke im speziellen an mögliche Gefahren der Genforschung. Die Aussicht, daß man eines Tages durch Klonen Wesen herstellen kann, deren einziger Daseinszweck darin besteht, Ersatzteile für jene zu liefern, die sie brauchen, scheint mir eine erschrekkende Zukunftsvision zu sein. Ich kann auch den Einsatz menschlicher Föten zu Forschungszwecken nur verdammen, und als Buddhist bin ich gegen die Vivisektion und alle anderen grausamen Praktiken, die an fühlenden Wesen – auch für Forschungszwecke – vorgenommen werden. Wie kann man einer Kategorie von Wesen das Recht, nicht zu leiden, verweigern, während man dieses Recht für sich lauthals einfordert?

## *An die Geschäftsleute*

Im allgemeinen sage ich den Geschäftsleuten, daß Wettbewerbsdenken nicht schlecht ist, solange damit folgendes gemeint ist: »Ich will mein Bestes geben, ich will ganz nach oben, so wie die anderen.« Allerdings ist es nicht zulässig, andere mit unlauteren Mitteln – indem man sie täuscht, verleumdet und manchmal sogar tötet – um ihren Erfolg zu bringen.

Halten wir uns vor Augen, daß unsere Konkurrenten Leute sind, die die gleichen Rechte und Bedürfnisse haben wie wir. Wie im Fall der Eifersucht müssen wir uns sagen, daß sie genauso wie wir zur Gesellschaft gehören. Um so besser, wenn sie Erfolg haben.

Die einzige wettbewerbsorientierte Haltung, die ich gelten lassen kann, besteht darin, seine eigenen Talente zu erkennen und mit unerschütterlicher Entschlossenheit zu arbeiten und sich dabei zu sagen: »Ich kann etwas, und auch wenn mir niemand hilft, werde ich es schaffen.«

## *An die Autoren und Journalisten*

Autoren und Journalisten haben großen Einfluß auf die Gesellschaft. Ihre Schriften bleiben über die Jahrhunderte erhalten, wohingegen ein Menschenleben kurz ist. Die Schriften eines Buddha, eines Shantideva[1] und anderer großer buddhistischer Meister konnten nur deshalb, weil sie schriftlich festgehalten waren, über so lange Zeit hinweg die Lehre von Liebe und Mitgefühl und die altruistische Haltung des Erweckungsgeistes verbreiten, und nur deshalb können wir sie heute noch studieren. Andere Texte haben leider großes Leid verursacht, zum Beispiel jene Texte, die die extremen Ideologien des Faschismus und des Kommunismus verbreiteten. Die Autoren haben indirekt die Macht, Millionen von Menschen Glück und Unglück zu bringen.

Journalisten sage ich meistens folgendes: In unserer Zeit kommt Ihnen dank der Macht, die Sie über die Meinung der Menschen haben, vor allem in demokratischen Ländern, eine immense Verantwortung zu. Eine Ihrer nützlichsten Aufgaben besteht meines Erachtens darin, Lüge und Korruption zu

1 Siehe Fußnote 2, S. 38.

bekämpfen. Untersuchen Sie ehrlich, unvoreingenommen und im Detail das Verhalten der Regierungschefs, der Minister und anderer Mächtiger. Als der Skandal rund um das Liebesleben von Präsident Clinton ruchbar wurde, fand ich es richtig, daß der Präsident des mächtigsten Landes der Welt wie jeder andere Bürger vor Gericht gebracht werden konnte. Es ist lobenswert, wenn Journalisten die Aktivitäten von Persönlichkeiten des öffentlichen Lebens untersuchen, um herauszufinden, ob sie das Vertrauen, das ihnen die Wähler entgegenbringen, auch verdienen. Aber es ist wichtig, daß solche Recherchen auf ehrliche Weise erfolgen, ohne Voreingenommenheit und Täuschungsmanöver. Es darf nicht Ihr Ziel sein, den Ruf eines politischen Feindes oder einer gegnerischen Partei zu ruinieren, nur damit Ihr eigenes Lager triumphieren kann.

Journalisten sollten die positiven Seiten der Menschen stärker in den Vordergrund rücken. Im allgemeinen interessieren sie sich für brandaktuelle Ereignisse, vor allem wenn es sich um Horrormeldungen handelt. Im Grunde ihrer selbst betrachten die Menschen einen Mord als eine unannehmbare, schockierende Tat, die nicht begangen werden dürfte. Deshalb findet man die Berichte darüber auch auf Seite eins der Zeitungen. Das gleiche gilt auch für Korruption und andere Vergehen. Andererseits erscheint es uns nicht der Rede wert zu sein, daß wir unsere Kinder erziehen, uns um die Alten kümmern oder Kranke pflegen.

Diese Berichterstattung legt nahe, daß Mord, Vergewaltigung und andere Gewalttaten ganz normal wären. Wir alle, und insbesondere die jungen Leute, laufen Gefahr zu glauben, die menschliche Natur sei grausam und es gäbe kein Mittel, solche Greuel zu verhindern. Wenn das eines Tages alle meinen, werden wir jede Hoffnung auf eine menschenwürdige Zukunft verloren haben. Dann werden wir uns vielleicht fragen: Wenn es sowieso nicht gelingt, Menschlichkeit zu leben und Frieden in die Welt zu bringen, was ist dann noch gegen Terrorismus einzuwenden? Wenn es ohnehin nichts bringt, den anderen zu helfen, warum nicht gleich aufhören, sich für andere einzusetzen, und nur noch an sich denken?

Sie als Journalist sollten sich dieses Problems bewußt werden und die Verantwortung dafür übernehmen. Selbst wenn Ihre Hörer oder Leser gar nicht so erpicht darauf sind, berichten Sie trotzdem auch vom Guten, das Menschen tun.

## *An die Bauern*

Bauern und alle, die in der Landwirtschaft arbeiten, spielen eine entscheidende Rolle beim Schutz oder der Zerstörung unserer Natur und Gesundheit. Die Verseuchung des Grundwassers, der übermäßige Einsatz von Düngemitteln und Pestiziden und andere Schäden, die regelmäßig ans Tageslicht kommen, machen immer deutlicher, in welchem Maß der Mensch für die Schädigung des Ökosystems und das Auftauchen neuer Übel verantwortlich ist. Die Krankheit BSE, die auf die Verfütterung von Tiermehl zurückzuführen ist, ist ein besonders schreiendes Beispiel. Eigentlich müßten die Verantwortlichen bestraft werden, aber anscheinend wirft man niemandem etwas vor, sondern tötet die Kühe, die Opfer dieser Seuche sind...

Ich denke, wir sollten in der Landwirtschaft viel weniger chemische Produkte verwenden und so naturnah wie nur möglich arbeiten. Das würde wahrscheinlich kurzfristig die Gewinne senken, aber langfristig gesehen würde es sich positiv auswirken. Es wäre auch sinnvoll, Größe und Anzahl umweltschädigender industrieller Zuchtbetriebe zu reduzieren. Die unnatürlichen Futtermittel, die man an die

Tiere verfüttert, bergen unvorhersehbare Risiken, wie man heutzutage feststellen muß. Berücksichtigt man die Verschwendung von Zeit, Geld und Energie sowie das unsinnige Leiden, das sie verursachen, so kann man nur zu der Meinung gelangen, daß es vielleicht doch sinnvoller wäre, andere Methoden einzusetzen.

Ich möchte auch ein paar Worte zu den Tieren selbst sagen. Alle fühlenden Wesen haben ein Recht zu leben. Es ist klar, daß auch die Säugetiere, die Vögel und Fische Lust und Schmerz verspüren und daher ebenso wenig leiden wollen wie wir selbst. Wenn man diese Tiere schlecht behandelt, einzig und allein, um Profit zu machen, dann handelt man – auch wenn man nicht Buddhist ist – gegen fundamentale moralische Werte.

Ich möchte noch hinzufügen, daß ein Mensch, der nicht im geringsten zögert, ein Tier zu töten oder es zu quälen, logischerweise auch seinesgleichen gegenüber wenig Mitgefühl verspürt. Es ist immer gefährlich, das Leiden eines Wesens zu ignorieren, egal, um welches Wesen es sich handelt, und selbst dann, wenn wir glauben, es opfern zu müssen, weil es der Allgemeinheit zugute kommt. Leiden zu leugnen oder zu verdrängen scheint eine bequeme Lösung, aber eine solche Haltung öffnet in Wirklichkeit allen Exzessen Tür und Tor, wie man in Kriegszeiten immer wieder beobachten kann. Sie zerstört auch unser eigenes Glück. Deswegen betone ich immer wieder, daß Mitleid und Mitgefühl letzten Endes immer uns selbst zugute kommen.

Mancher mag einwerfen, daß sich Tiere gegenseitig fressen. Das stimmt, aber man kann nicht leugnen, daß Tiere, die andere Tiere fressen, ein einfaches und sehr direktes Verhalten an den Tag legen: Wenn sie Hunger haben, töten sie; wenn sie keinen Hunger haben, töten sie nicht. Dieses Verhalten unterscheidet sich grundlegend von dem der Menschen, die Millionen von Kühen, Schafen, Hühnern und anderen Tieren umbringen, um Gewinne zu machen.

Ich begegnete einmal einem polnischen Juden, einem intelligenten und herzensguten Menschen. Da er Vegetarier war, wir Tibeter aber keine Vegetarier sind, meinte er mir gegenüber: »Ich esse keine Tiere, aber wenn ich sie essen würde, so hätte ich den Mut, sie selbst zu töten.« Wir Tibeter lassen die Tiere von anderen töten und essen sie dann! *(lacht)*

## *An alle, die Krieg führen*

In jeder menschlichen Gesellschaft gibt es schlechte Menschen, die viele Probleme verursachen, und es bedarf wirksamer Mittel, um zu verhindern, daß sie Schaden anrichten können. Wenn keine andere Wahl bleibt, muß man sich dazu durchringen und bewaffnete Kräfte einsetzen.

Meiner Meinung nach darf eine Armee nicht dazu dienen, eine Doktrin zu verbreiten oder in ein anderes Land einzufallen, sondern nur dazu, im absoluten Notfall den Machenschaften jener ein Ende zu setzen, die das Wohlergehen der Menschen zerstören und Chaos stiften. Das einzige akzeptable Ziel eines Krieges ist das Glück aller und nicht irgendwelche private Interessen.

Der Krieg ist also nichts anderes als eine Notlösung. Die Geschichte zeigt uns, daß Gewalt Gewalt hervorbringt und nur in den seltensten Fällen Probleme löst. Im Gegenteil: Meist schafft sie unermeßliches Leid. Selbst wenn es weise und logisch erscheint, zur Beendigung von Konflikten Gewalt einzusetzen, kann man nie sicher sein, ob man damit nicht die Glut anfacht, statt das Feuer zu löschen.

Heute ist der Krieg ein kalter, unmenschlicher

Krieg. Dank moderner Waffen ist es möglich, Tausende von Menschen zu töten, ohne riskieren zu müssen, selbst getötet zu werden, ja, man muß nicht einmal das Leid sehen, das man verursacht. Diejenigen, die den Befehl zu töten geben, befinden sich oft Tausende von Kilometern weit weg vom Schlachtfeld. Und es sind die Unschuldigen, die Kinder und Frauen, die nichts anderes wollen als leben, die sterben oder zu Krüppeln werden. Fast könnte man die Kriege früherer Zeiten herbeisehnen, bei denen der Kriegsherr seine Truppen anführte; sein Tod bedeutete im allgemeinen ein Ende der Feindseligkeiten. Zumindest müßte man dem Krieg wieder eine menschliche Dimension verleihen.

Sobald Menschen Waffen in die Hände bekommen, neigen sie dazu, sich ihrer auch zu bedienen. Meiner Meinung nach dürfte es überhaupt keine nationalen Armeen mehr geben. Die Welt sollte entmilitarisiert werden, bis auf eine multinationale Kraft, die nur dann interveniert, wenn der Frieden in einer Region der Welt bedroht ist.

Alle sprechen von Frieden, aber man kann Frieden im Äußeren nicht verwirklichen, wenn im eigenen Inneren Wut und Haß regieren. Genauso ist der Wunsch nach Frieden unvereinbar mit jedem Wettrüsten. Die Atomwaffen gelten als abschreckendes Mittel, aber das scheint mir auf lange Sicht keine weise oder wirksame Methode zu sein.

Gewisse Länder geben kolossale Summen für die Entwicklung dieser Waffen aus. Da wird unendlich viel Geld, Energie und Talent verschwendet, gleichzeitig wächst aber auch die Angst, daß alles außer Kontrolle geraten könnte.

Es liegt an uns allen, den Kriegen ein Ende zu setzen. Man kann zwar die Namen jener Menschen nennen, die einen Konflikt ausgelöst haben, aber man kann nicht so tun, als würden sie aus dem Nichts kommen oder völlig losgelöst agieren. Sie sind Mitglieder der Gesellschaft, zu der ein jeder von uns gehört und für die ein jeder seine Verantwortung trägt. Wenn wir Frieden in der Welt schaffen wollen, dann müssen wir zuerst Frieden in uns selbst schaffen.

Voraussetzung für den Frieden in der Welt ist der Friede im Geist. Der Friede im Geist kann aber nur entstehen, wenn wir uns bewußtmachen, daß alle Menschen wie Mitglieder ein und derselben Familie sind, trotz aller Unterschiede im Glauben, in den Ideologien, in den politischen und wirtschaftlichen Systemen. Verglichen mit dem, was uns verbindet, sind diese Unterschiede nur Nebensächlichkeiten. Vor allem aber sind wir alle Menschen, die denselben winzigen Planeten bewohnen. Und ginge es nur ums bloße Überleben: Wir müssen zusammenarbeiten, die einzelnen wie die Nationen.

## *An alle, die sich anderer Menschen annehmen*

Alle Menschen, die ihr Leben in den Dienst am anderen stellen – sei es nun im Bereich der Gesundheit, der Erziehung, im spirituellen, familiären und sozialen Leben oder in einem völlig anderen Bereich –, erfüllen mich mit tiefster Freude. Jede menschliche Gesellschaft bringt eine Menge Probleme und Leid hervor. Wer sein möglichstes gibt, um diese Schwierigkeiten zu lösen, verdient Lob.

Vom buddhistischen Standpunkt aus gesehen ist es wichtig, dem anderen nicht einfach aus Pflichtgefühl oder zum Zeitvertreib zu helfen – so wie viele Menschen zum Zeitvertreib ihren Garten pflegen. Hilft man hingegen aus Liebe und Mitgefühl, mit einem Lächeln und freundlichen Worten, dann wird man den anderen ganz sicher glücklich machen. Selbst wenn man dasselbe tut, wie derjenige, der aus Pflichtgefühl hilft, die positive Wirkung ist doch unendlich viel größer.

Als Arzt sollten Sie die Kranken nicht aus Routine heraus behandeln. Die Patienten werden dann das Gefühl bekommen, daß man sich ihrer nicht wirklich annimmt, daß man sie nicht aufmerksam untersucht oder sie wie Versuchskaninchen behandelt.

Manche Chirurgen, die nichts anderes tun als operieren, nehmen ihre Patienten nur mehr als Maschinen wahr, die repariert werden müssen; sie sind sich nicht mehr bewußt, daß es sich um Menschen handelt. Sie haben den Menschen selbst aus den Augen verloren; sie sehen nur mehr Organe, die sie aufschneiden, ersetzen und wieder zusammennähen, als ob sie Autoersatzteile oder Holzstücke vor sich hätten.

Wenn man mit anderen Menschen zu tun hat, ist es sehr wichtig, eine altruistische Haltung zu entwickeln. Diese Haltung kommt nicht nur dem zugute, dem sie entgegenbracht wird, sondern auch dem, der sie in sich kultiviert. Je mehr uns das Wohlergehen anderer Menschen am Herzen liegt, desto besser sorgen wir auch für unser eigenes Glück. Aber daran dürfen Sie nie denken, wenn Sie Gutes tun! Erwarten Sie keine Gegenleistung, haben Sie nur das Wohlergehen des anderen im Auge.

Genauso wenig sollten Sie sich gegenüber dem Menschen, dem Sie helfen, überlegen fühlen. Egal, ob Sie ihm Ihr Geld, Ihre Zeit oder Ihre Energie opfern, tun Sie es stets aus einer Haltung der Demut heraus, auch dann, wenn der andere schmutzig, schwächlich, dumm oder in Fetzen gekleidet ist. Wenn ich einem Bettler begegne, dann bemühe ich mich immer, ihn nicht als einen Unterlegenen zu sehen, sondern als Menschen, der sich in keinster Weise von mir unterscheidet.

In diesem Zusammenhang ist auch ein anderer Punkt wichtig: Wenn Sie jemandem helfen, dann begnügen Sie sich nicht damit, seine unmittelbaren Probleme zu lösen, indem Sie ihm zum Beispiel Geld geben. Geben Sie ihm auch die Mittel in die Hand, die es ihm erlauben, seine Probleme selbst zu lösen.

# LEBENSWEISE UND GESINNUNG

## *An alle, die glücklich sind*

Man kann auf unterschiedliche Weise glücklich sein. Manche Menschen leben aufgrund einer geistigen Störung in einem Zustand naiven Glücks. Für sie ist immer alles in Ordnung. Dieses Glück ist aber nicht das Glück, um das es uns hier geht.

Für andere gründet das Glück auf dem Besitz materieller Güter und auf sinnlicher Befriedigung. Wir haben bereits auf die Fragwürdigkeit dieser Einstellung hingewiesen. Auch wenn Sie sich aus diesem Grund für wirklich glücklich halten – Sie werden doppelt leiden, wenn Ihnen die Umstände nicht mehr wohl gesinnt sind.

Andere wiederum sind glücklich, weil sie moralisch denken und handeln. Das ist das Glück, das wir brauchen, denn dieses Glück hat tiefere Wurzeln und hängt nicht von den Umständen ab.

Um dauerhaft glücklich sein zu können, müssen wir zuallererst erkennen, daß auch Leid zum Leben gehört. Das ist vielleicht anfangs deprimierend, aber auf lange Sicht können wir mit dieser Einstellung nur gewinnen. Wer es vorzieht, die Wirklichkeit zu leugnen, indem er Drogen nimmt, das falsche Glück in einer blinden Spiritualität sucht oder ungezügelt lebt, nur um nicht nachdenken zu müssen, erwirkt dadurch bloß einen kurzen Aufschub. Wenn dann die Probleme akut werden, sind diese Menschen oft nicht gegen Schwierigkeiten gefeit und »erfüllen das Land mit ihren Klagen«, wie man in Tibet sagt. Zorn oder Verzweiflung überkommen sie, und zu den anfänglichen Schwierigkeiten gesellt sich der Schmerz.

Versuchen wir herauszufinden, woher unser Leiden kommt. Wie jedes andere Phänomen ist es das Ergebnis unendlich vieler Ursachen und Umstände. Hingen unsere Gefühle jeweils nur von einer einzigen Ursache ab, dann müßten wir nur einer einzigen »Glücksursache« ausgesetzt sein, und wir wären hundertprozentig glücklich. Wir wissen aber genau, daß dem nicht so ist. Geben wir also die Vorstellung auf, daß uns nur etwas Bestimmtes fehlt zum Glück, das wir nur finden müßten, um nicht mehr zu leiden. Anerkennen wir, daß das Leiden Teil des Lebens oder, buddhistisch gesprochen, des Samsara, des Kreislaufs der bedingten Existenzen, ist. Wenn wir Leiden als etwas Negatives oder Abnormales betrachten, dann führen wir ein erbärmliches Leben, denn dann werden wir Opfer unserer Einstellung. Glück ist nur dann möglich, wenn selbst das, was wir als Leid ansehen, uns nicht unglücklich macht.

Nach buddhistischer Auffassung führt die Beschäftigung mit der Existenz des Leids nie zu Pessimismus oder Verzweiflung. Sie läßt uns die eigentlichen Gründe für unser Unglücklichsein erkennen, nämlich Begierde, Haß und Nichtwissen, und durch dieses Erkennen können wir uns davon befreien. Mit Nichtwissen ist hier das Unverständnis für die wahre Natur der Wesen und Dinge gemeint. Es ist die Ursache der beiden anderen Gifte. Sobald das Nichtwissen sich auflöst, haben Haß und Begierde keine Grundlage mehr, und die Quelle des Leids ist erschöpft. Daraus ergibt sich ein spontan altruistisches Glück, das nicht mehr der Spielball negativer Gefühle ist.

## *An alle, die unglücklich sind*

Das ist ein wichtiges Thema. Ich habe bereits von zwei Arten von Befriedigung gesprochen. Die erste gründet auf unseren sinnlichen Wahrnehmungen, die zweite auf unserer Gesinnung.

In den industrialisierten Ländern begegnet man vielen unglücklichen Menschen. Es fehlt ihnen an nichts, sie erfreuen sich eines bequemen Lebens, aber sie sind unzufrieden mit ihrem Schicksal. Sie machen sich aus Eifersucht oder irgendeinem anderen Grund unglücklich. Manche leben in ständiger Erwartung einer Katastrophe, andere glauben, das Ende der Welt stünde unmittelbar bevor. Diese Menschen sind ihres eigenen Unglücks Schmied, weil sie nicht imstande sind, vernünftig zu denken. Gelänge es ihnen, die Dinge aus einem anderen Blickwinkel zu betrachten, dann verschwänden auch ihre inneren Qualen.

Es gibt auch Menschen, die tatsächlich Grund haben zu klagen, die krank sind oder Not leiden, die Opfer von Katastrophen sind oder ungerecht behandelt werden. Aber auch sie haben oft die Möglichkeit, ihre Situation zu verändern. Auf materieller Ebene können und müssen sie wieder gesund werden und ihre Peiniger zur Rechenschaft ziehen; sie müssen vor Gericht gehen und Wiedergutmachung verlangen oder mit vollem Einsatz arbeiten, sollte es ihnen an Nahrung und Kleidung mangeln. Und ihre Einstellung können sie beeinflussen, indem sie einen positiven Standpunkt einnehmen.

Im allgemeinen ist es unsere Gesinnung, die den Grad unseres Leidens bestimmt. Wenn wir zum Beispiel krank sind, besteht die einzig sinnvolle Reaktion auf die Krankheit darin, alles in Bewegung zu setzen, um gesund zu werden: einen Arzt beiziehen, eine Behandlung über sich ergehen lassen, gewisse Übungen machen... Aber im allgemeinen verkomplizieren wir die Dinge, indem wir mit unserem Schicksal hadern und so das körperliche durch das geistige Leid verschlimmern. Leiden wir an einer schweren Krankheit, sehen wir sie oft aus dem negativsten aller möglichen Blickwinkel: »Das ist wirklich das Schlimmste, was mir passieren konnte! Wären es wenigstens meine Beine, die nicht funktionieren!« Statt uns zu sagen, daß unzählige andere Menschen mindestens genauso leiden wie wir, beklagen wir uns, als wären wir die einzigen Kranken auf der Welt.

Aber es ist auch möglich, die umgekehrte Haltung einzunehmen. Wenn zum Beispiel unsere Arme gelähmt sind, können wir uns sagen: »Meine Arme versagen mir ihren Dienst, aber meine Beine tragen mich noch.« Und wenn unsere Beine uns nicht mehr gehorchen: »Meine Beine tragen mich nicht mehr, aber ich kann mich mithilfe eines Rollstuhls fortbewegen und meine Händen gebrauchen.« So einfache Gedanken reichen, um uns Trost zu spenden.

Kurz: Egal, in welcher Situation wir uns befinden, es ist immer möglich, etwas Positives darin zu sehen, vor allem in unserer Zeit, in der die moderne Technik uns zusätzliche Gründe liefert, nicht zu verzweifeln. Es ist immer möglich, auf geistiger Ebene einen Weg zu finden, um ein durch reale Umstände ausgelöstes Leid zu mindern. Der Fall, daß wir nur Grund zum Leiden haben und uns nichts Trost spenden kann, ist äußerst rar. Leiden Sie an einer Krankheit, dann rufen Sie sich deren positive Seiten in Erinnerung. Das kann Ihnen eine gewisse Linderung verschaffen.

Selbst wenn diese Krankheit langwierig und schwer ist, gibt es sicher ein Mittel, um der Verzweiflung nicht völlig ausgeliefert zu sein. Wenn Sie Buddhist sind, sagen Sie sich: »Möge mich diese Krankheit von den schlechten Taten, die ich in der Vergangenheit begangen habe, reinigen! Mögen zu meinen Schmerzen noch die der anderen hinzukommen und mich an deren Stelle befallen!« Denken Sie auch an die unzähligen Geschöpfe, die genauso leiden wie Sie, und beten Sie dafür, daß Ihre Schmerzen ihnen Linderung verschaffen. Auch wenn

Sie nicht die Kraft aufbringen sollten, so zu denken, wird Ihnen allein schon der Gedanke, daß Sie nicht allein sind und es viele Menschen in ähnlichen Situationen gibt, helfen, Ihr Schicksal zu ertragen.

Wenn Sie Christ sind und an Gott als Schöpfer des Universums glauben, trösten Sie sich, indem Sie sich sagen: »Dieses Leid habe ich nicht gewollt, aber es muß einen Sinn haben, denn es ist Gott, der mir in seinem Erbarmen das Leben geschenkt hat.«

Wenn Sie keiner Religion angehören, dann sagen Sie sich, daß das Unglück, das Sie trifft – egal, wie schrecklich es auch sein mag –, nicht nur Ihnen allein widerfährt. Selbst wenn Sie an nichts glauben, versuchen Sie sich oberhalb der schmerzenden Stelle ein Licht vorzustellen, das den Schmerz durchdringt und auflöst, und Sie werden merken, wie Ihnen diese Vorstellung Erleichterung verschafft.

Es gibt Unglück, das plötzlich kommt und unausweichlich ist, wie der Tod eines geliebten Menschen. In solchen Fällen ist es nicht mehr möglich, etwas zu tun. Aber eben weil Sie nichts daran ändern können, sollten Sie sich sagen, daß Verzweiflung nichts bringt, außer daß sie den Schmerz noch verstärkt. Ich denke hier vor allem an Menschen, die keinen religiösen Glauben haben.

Wichtig ist, daß Sie Ihrem Leiden auf den Grund gehen und herausfinden, woher es kommt, daß Sie etwas dagegen unternehmen, so Ihnen das möglich ist. Im allgemeinen glauben wir, für unser Unglück in keinster Weise verantwortlich zu sein. Wir begreifen es immer nur als Fehler eines anderen Menschen oder der Umstände. Aber ich bezweifle, daß dem immer so ist. Wir sind ein bißchen wie die Studenten, die bei einer Prüfung durchgefallen sind und nicht zugeben wollen, daß sie sie durchaus hätten bestehen können, wenn sie sich nur ein bißchen mehr angestrengt hätten. Wir sind wütend auf jemanden, wir beschweren uns darüber, daß sich die Umstände gegen uns verschworen haben. Aber wird nicht alles nur noch schlimmer, wenn sich dieses zweite, geistige Leiden zum ersten dazugesellt?

Selbst wenn Sie einen geliebten Menschen wie Ihren Vater oder Ihre Mutter verlieren, sollten Sie sich fassen und sich sagen, daß das Leben in einem gewissen Alter eben zu Ende geht. Als Sie klein waren, haben Ihre Eltern alles getan, was in ihrer Macht stand, um Sie großzuziehen. Jetzt gibt es nichts, was Sie bereuen müßten.

## *An die Pessimisten*

Ich hätte Lust, all den Pessimisten, die sich andauernd quälen, zu sagen: Wie dumm ihr seid! In den Vereinigten Staaten begegnete ich einmal einer Frau, die ohne ersichtlichen Grund furchtbar unglücklich war. Ich sagte ihr: »Machen Sie sich nicht unglücklich! Sie sind jung, Sie haben noch viele Jahre vor sich, Sie haben keinen Grund, sich so zu quälen!« Sie fragte mich, warum ich mich in ihre Angelegenheiten einmischte. Ich war traurig. Ich antwortete ihr, daß es nichts bringt, so zu reagieren. Ich nahm ihre Hand, klopfte ihr freundschaftlich auf die Schulter, und in ihrer Haltung fand eine Veränderung statt.

Man kann solchen Menschen nur mit Liebe oder Zuneigung begegnen. Aber nicht mit einer gespielten Liebe, mit hohlen Worten, sondern mit etwas, was von Herzen kommt. Wenn man diskutiert, wendet man sich an die Vernunft, aber wenn man echte Liebe oder Zärtlichkeit zeigt, kommuniziert man ganz direkt. Letzten Endes trat bei dieser Frau eine Veränderung ein: Sie begann aus ganzem Herzen zu lachen.

Wenn Sie zu einer pessimistischen Einstellung

neigen, dann halten Sie sich vor Augen, daß Sie Teil der menschlichen Gesellschaft sind und die Menschen in ihrem Innersten von Natur aus Liebe füreinander empfinden. Sie werden immer jemanden finden, in den Sie Ihre Hoffnungen legen können, Sie werden jemanden finden, der es wert ist, als Vorbild zu dienen. Es bringt nichts, sich so quälen, wie Sie es tun.

Geben Sie Ihren Gedanken eine positive Ausrichtung. Es ist falsch, sich zu sagen, daß die ganze Welt schlecht ist. Es gibt zwar Übeltäter, das steht fest. Aber das heißt noch lange nicht, daß alle Wesen schlecht sind. Es gibt auch sehr viele Menschen, die großzügig und edelmütig sind.

Menschen, die die Welt pessimistisch wahrnehmen, haben in niemanden Vertrauen und fühlen sich einsam. Im Grunde fühlen sie sich deshalb einsam, weil sie nicht genug an die anderen denken. Wenn wir nicht genug an die anderen denken, beurteilen wir die anderen nach unseren Kriterien und meinen, die anderen würden uns auf die gleiche Weise wahrnehmen, wie wir sie wahrnehmen. Es ist nicht weiter überraschend, daß sich dann ein Gefühl der Einsamkeit breitmacht.

Ich erinnere mich an eine Geschichte, die ich selbst erlebt habe. Sie zeigt, welch positive Auswirkungen eine optimistische Haltung haben kann. Eines Tages kam ein Mann nach Dharamsala, der sehr gute Beziehungen zum kommunistischen China unterhielt. Er muß über siebzig Jahre alt gewesen sein. Unsere erste Begegnung fand genau in dem Raum statt, in dem wir jetzt sitzen.

Viele Menschen hier hatten ihn, als sie von seiner Ankunft erfuhren, als »chinesischen Kommunisten« etikettiert und ihn damit abgestempelt. Er bezeichnete sich selbst als Bewunderer Chinas und gab zu erkennen, daß er auf seiten der chinesischen Regierung stünde. Das führte dazu, daß bei seiner Ankunft eine angespannte Atmosphäre herrschte.

Ich persönlich hatte nichts gegen ihn, für mich war er ein Mensch wie jeder andere, und wenn er den Chinesen glaubte, dann deswegen, weil er nicht ausreichend informiert war. Die Situation Tibets war wirklich tragisch, ich konnte ihm beim besten Willen nicht das Gegenteil berichten, nur um ihm einen Gefallen zu tun. Ich schilderte ihm also die Dinge, wie sie wirklich waren.

Bei der ersten Begegnung sprach er in einem polemischen Ton mit mir, aber ich betrachtete ihn als ganz gewöhnlichen Menschen und erzählte ihm auf sehr freundschaftliche Weise von Tibet. Am zweiten Tag hatte sich seine Haltung vollkommen verändert.

Am Anfang fühlte er sich in dieser Konfrontation überhaupt nicht wohl. Wäre ich auch nervös geworden, dann hätten wir uns immer mehr in unserer jeweiligen Position verschanzt. Ich hätte seinen Argumenten kein Gehör mehr geschenkt, und er hätte meine auch nicht weiter beachtet. Für mich jedoch war er ein Mensch wie alle anderen. Ich sagte mir, daß sich alle Menschen ähnlich, aber einfach manchmal schlecht informiert sind, und verhielt mich ihm gegenüber freundschaftlich. So konnte ich ihn langsam dazu bewegen, sich zu öffnen.

Es gibt Menschen, die immer nur die negative Seite der Dinge sehen. Das ist schon erstaunlich. Wir Exiltibeter zum Beispiel sind alle Flüchtlinge, wir befinden uns alle in derselben Situation, aber manche von uns sind immer zufrieden und wollen eigentlich nur von angenehmen Dingen sprechen, die zur Hoffnung Anlaß geben, während andere der Situation nichts Gutes abgewinnen können. Sie haben allen Dingen gegenüber eine negative Haltung und quälen sich damit ab.

In den buddhistischen Texten heißt es, daß die Welt wie ein Freund oder wie ein Feind, voller Unzulänglichkeiten oder voller Vorzüge erscheinen kann: Alles hängt von unseren Gedanken ab. Ganz allgemein gibt es nichts, was nur Vorteile oder nur Nachteile hätte. Alle Dinge, die wir brauchen – unsere Lebensmittel, unsere Kleider, unsere Häuser –, und alle Wesen, mit denen wir unser Leben teilen – Familie, Freunde, Vorgesetzte, Untergebene, Meister, Schüler usw. –, haben ihre Qualitäten, aber auch ihre Fehler. Das ist nun einmal so. Um die Wirklichkeit korrekt beurteilen zu können, muß man diese guten bzw. schlechten Seiten als solche erkennen können.

Von einem gewissen Gesichtspunkt aus ist es möglich, alles von der positiven Seite zu sehen. Selbst Leiden kann als wohltuend betrachtet werden. Ich spreche hier nicht vom religiösen Standpunkt. Ich bemerke einfach, daß Menschen, die viele Prüfungen durchgemacht haben, normalerweise nicht bei der geringsten Schwierigkeit zu jammern beginnen. Die Leiden, die sie erlebt haben, haben ihre Grundhaltung geprägt und ihnen eine umfassendere Sicht der Dinge gegeben, einen stärkeren Geist und mehr Realitätssinn, so daß sie besser in der Lage sind, die Dinge so zu sehen, wie sie sind. Menschen, die keine Probleme haben und ihr Leben beschützt wie in einem Kokon verbringen, entfernen sich von der Wirklichkeit. Wenn sie dann mit einer Unannehmlichkeit, die nicht weiter der Rede wert ist, konfrontiert sind, »erfüllen sie das Land mit ihren Klagen«. Das ist etwas, was ich oft habe feststellen können, auch am eigenen Leib.

Ich habe mein Land verloren, ich habe den Großteil meines Lebens im Exil verbracht, mein Volk wurde gefoltert, umgebracht, die Tempel dem Erdboden gleichgemacht, die Kultur zerstört, das Land verwüstet, seine Schätze geplündert. Das ist eigentlich nichts, was Anlaß zur Freude geben könnte. Aber trotzdem habe ich den Kontakt mit anderen Völkern, mit anderen Religionen, mit anderen Kulturen und Wissenschaften als äußerst bereichernd empfunden. Ich habe Formen der Freiheit und Weltanschauungen kennengelernt, die mir vorher fremd waren.

In der tibetischen Exilgemeinschaft sind oft jene, die am meisten gelitten haben, am fröhlichsten; sie kann innerlich nichts mehr erschüttern. Menschen, die zwanzig Jahre unter schrecklichen Bedingungen im Gefängnis gesessen haben, erzählen, daß diese Jahre, vom spirituellen Standpunkt her gesehen, die besten Jahre ihres Lebens waren. Ein Mönch meines Klosters wurde jahrelang gefoltert, damit er seinen Glauben aufgäbe. Als es ihm gelungen war, nach Indien zu fliehen, fragte ich ihn, ob er Angst gehabt hätte. Er antwortete mir sehr glaubwürdig, daß er gefürchtet hatte, seinen Peinigern gegenüber kein Mitgefühl mehr empfinden zu können.

Menschen, die in Frankreich, Deutschland, England oder sonstwo den Zweiten Weltkrieg und die darauffolgenden schwierigen Jahre des Mangels mitgemacht haben, lassen sich nicht schon von Kleinigkeiten aus der Fassung bringen. Sie sind zufrieden mit ihrem Schicksal, weil sie weitaus Schlimmeres erlebt haben. Umgekehrt beginnen Menschen, die diesen Krieg nicht erlebt haben und glücklich wie

Kinder in einem Kindergarten leben, bei der geringsten Schwierigkeit zu jammern und fühlen sich ihrer nicht gewachsen. Und wenn dann das Glück da ist, sind sie unfähig, es als solches zu erkennen.

Doch auch bei der jüngeren Generation gibt es so manche, die nicht nur im materiellen Fortschritt Befriedigung suchen, sondern sich dem spirituellen Leben zuwenden. Das scheint mir eine gute Sache zu sein.

Wie dem auch sei: Halten Sie sich immer vor Augen, daß die Welt aus guten und schlechten Dingen besteht und daß das, was wir für die Wirklichkeit halten, ein Produkt unseres Geistes ist.

## *An alle, die von Ängsten geplagt werden*

Manche Menschen werden gleich beim Aufwachen von einer unerklärlichen Angst befallen. Dieses Gefühl kann alle möglichen Ursachen haben. Manche von ihnen wurden als Kinder von ihren Eltern oder Geschwistern mißhandelt. Andere wurden sexuell mißbraucht. Es wurde ihnen Gewalt angetan, und es fällt ihnen schwer, darüber zu sprechen. Nach und nach macht sich in ihnen eine Angst breit, und es geht ihnen schlecht.

Gelingt es ihnen, das Erlebte in Worte zu fassen, und werden sie dabei von jemandem begleitet, der ihnen klarmachen kann, daß diese Erlebnisse der Vergangenheit angehören, dann haben sie die Chance, einen Schlußstrich unter dieses Kapitel ihres Lebens zu ziehen. In Tibet sagt man, man könne eine Muschel nur öffnen, indem man hineinbläst…

Wenn Sie von Ängsten geplagt werden, weil es Ihnen an Selbstvertrauen mangelt, und wenn Sie glauben, daß nichts, was Sie in Angriff nehmen, gelingen kann, dann denken Sie ein bißchen nach. Versuchen Sie herauszufinden, warum Sie sich von vornherein auf verlorenem Posten fühlen. Sie werden keinen stichhaltigen Grund dafür finden können. Das Problem rührt von Ihrer Art zu denken her, nicht von einer tatsächlichen Unfähigkeit.

Ein wirksames Mittel, um Angst zu bekämpfen, besteht darin, sich weniger mit sich selbst, sondern mehr mit den anderen zu beschäftigen. Wenn wir die Schwierigkeiten anderer Menschen voll und ganz erkennen, dann verlieren unsere eigenen Ängste an Bedeutung. Wenn wir anderen helfen, nimmt unser Vertrauen in uns selbst zu, und unsere Angst wird schwächer. Natürlich muß unser Wunsch zu helfen echt sein. Wenn wir uns dadurch nur von unserem Unbehagen befreien wollen, dann wird uns das unweigerlich auf uns selbst und unsere Angst zurückwerfen.

## *An alle, die selbstmordgefährdet sind*

Es ist schwierig, über Selbstmord zu sprechen. Es gibt viele Gründe, sich selbst zu töten: Manche Menschen werden von Unruhe oder Angst geplagt oder sind verzweifelt; andere bringen sich aus Stolz um, weil ihnen andere etwas angetan oder vorenthalten haben. Manche sind überzeugt, daß sie niemals etwas verwirklichen können; und andere wiederum verspüren eine intensive Begierde und bringen sich aus Wut um, wenn diese Begierde keine Erfüllung findet; manche Menschen lassen sich von Traurigkeit überfluten...

Ganz allgemein gesprochen, verzichtet ein Mensch, der sich umbringt, auf jede Möglichkeit, sein Problem zu lösen. Selbst wenn er bis jetzt nur Schwierigkeiten ausgesetzt war, beweist das nicht, daß er nicht doch eines Tages eine Lösung für sein Problem finden könnte.

Dazu kommt, daß die meisten Selbstmorde in einem Augenblick extremen Gefühlsaufruhrs begangen werden. Als menschliche Wesen sollten wir eine derart radikale Entscheidung nicht in einem Anfall von Wut, Begierde oder Angst treffen. Impulsiv zu handeln bedeutet, ein großes Risiko einzugehen, sich zu irren. Da wir über die Fähigkeit zur Reflexion verfügen, sollten wir abwarten, bis wir wieder ruhig und entspannt sind, bevor wir das Unwiderrufbare tun.

Mein Lehrer Thrijang Rinpoche hat mir die Geschichte eines Mannes aus der Provinz Kham erzählt, der sehr unglücklich war und beschlossen hatte, sich in Lhasa in den Fluß Tsangpo zu werfen. Er hatte eine Flasche Alkohol bei sich und sagte sich, er würde springen, sobald er die Flasche geleert hätte. Er ließ sich also von seinen Gefühlen leiten. Als er am Ufer des Flusses angekommen war, blieb er einen Augenblick auf der Böschung sitzen. Da er sich nicht entschließen konnte zu springen, begann er, ein paar Schlucke aus der Flasche zu trinken. Aber da sein Mut noch immer nicht reichte, trank er weiter. Schließlich kehrte er mit der leeren Flasche unter dem Arm nach Hause zurück.

Sehen Sie, solange er unter dem Einfluß eines heftigen Gefühls stand, war er fest entschlossen, sich umzubringen. Aber nachdem er seine Ruhe wiedergefunden – und eine Flasche Alkohol ausgetrunken hatte –, ging er wieder heim!

## *An alle, die sich einsam fühlen*

Ich habe einen Bericht über eine Umfrage gelesen, bei der die Mehrheit der Amerikaner angab, unter Einsamkeit zu leiden. Ein Viertel der Erwachsenen gab zu, während der zwei Wochen vor der Umfrage Gefühle tiefer Einsamkeit durchlebt zu haben. Dieses Phänomen scheint äußerst verbreitet zu sein.

In den Straßen der Städte sind Tausende von Menschen unterwegs, aber sie würdigen einander keines Blickes. Und wenn sich ihre Blicke kreuzen, lächeln sie sich nicht an, es sei denn, sie haben eine Verabredung. Im Zug sitzen die Leute stundenlang nebeneinander, ohne miteinander zu sprechen. Ist das nicht seltsam?

Ich habe den Eindruck, als wäre dieses Gefühl der Einsamkeit vor allem auf zwei Gründe zurückzuführen. Der erste Grund besteht darin, daß wir Menschen zu zahlreich geworden sind. Als die Welt noch nicht so dicht besiedelt war wie heute, war man viel mehr gezwungen, sich als Teil der großen Familie der Menschen zu fühlen, man kannte einander ganz sicher besser als heute, und auch das Bedürfnis nach gegenseitiger Hilfe war stärker als heutzutage. Heutzutage kennen einander die Leute in den kleinen Dörfern auf dem Land, sie borgen einander ihre Werkzeuge und Maschinen und erledigen die großen Arbeiten gemeinsam. Früher versammelten sie sich regelmäßig, sie gingen gemeinsam in die Kirche, sie beteten gemeinsam. Sie hatten mehr Gelegenheit, miteinander zu kommunizieren.

Jetzt ist die Welt überbevölkert, Millionen von Menschen drängen sich in den großen Städten. Man könnte bei ihrem Anblick glauben, ihre einzige Beschäftigung bestünde darin, zu arbeiten und dafür Lohn zu empfangen. Jeder scheint ein Leben für sich allein zu führen. Die modernen Maschinen verleihen uns eine große Autonomie, und wir haben den – wohlgemerkt falschen – Eindruck, daß die anderen eine immer unwichtigere Rolle für unser Wohlbefinden spielen. Diese Situation begünstigt die Gleichgültigkeit und das Gefühl des Alleinseins.

Der zweite Grund für unser Gefühl der Einsamkeit liegt meines Erachtens darin, daß wir in unserer modernen Gesellschaft alle schrecklich viel zu tun haben. Wenn wir uns an jemanden wenden – auch wenn wir ihn nur fragen wollen: »Wie geht's?« –, haben wir den Eindruck, wertvolle Sekunden unseres Lebens zu verlieren. Nach der Arbeit stürzen wir uns sofort in die Lektüre unserer Zeitung: »Was gibt es denn heute Neues?« Mit Freunden diskutieren ist Zeitverschwendung.

Diejenigen von uns, die in einer Stadt leben, kennen oft viele Leute. Man muß einander grüßen. Dabei könnte es uns allerdings passieren, in Unterhaltungen verwickelt zu werden, und das kommt uns nicht immer wirklich gelegen. Daher vermeiden wir den Kontakt, und wenn uns jemand anspricht, empfinden wir das als ein Eindringen in unsere Privatsphäre.

Das alles führt dazu, daß unsere Gesellschaft immer unmenschlicher wird und unser Leben einen mechanischen Charakter annimmt. Morgens gehen wir zur Arbeit. Nach der Arbeit gehen wir in ein Lokal oder sonstwohin und suchen Zerstreuung. Wir amüsieren uns, lenken uns ab und kommen spät abends nach Hause zurück, um ein paar Stunden zu schlafen. Am nächsten Tag gehen wir, noch ganz verschlafen und wie benommen, wieder zur Arbeit. Verbringen die Stadtbewohner nicht einen guten Teil ihres Lebens auf diese Weise? Und da wir Teil eines Mechanismus geworden sind, müssen wir, ob wir wollen oder nicht, der Bewegung des Ganzen folgen. Nach einer gewissen Zeit wird das fast unerträglich, und wir flüchten uns in Gleichgültigkeit.

Wenn ich in einer amerikanischen Großstadt ausschließlich unter Einheimischen leben würde – ich bin sicher, daß ich auch ein bißchen wie sie werden würde... ja, es bliebe mir gar keine andere Wahl. Ich würde vielleicht auch in Nachtclubs gehen, spät nach Hause kommen und am nächsten Tag halb verschlafen zur Arbeit gehen. Nach einer gewissen Zeit wäre das für mich sicher auch ganz normal! *(lacht)*

Suchen Sie am Abend nicht zuviel Zerstreuung. Gehen Sie nach der Arbeit lieber gleich nach Hause. Essen Sie in aller Ruhe, trinken Sie eine Tasse Tee oder etwas anderes, lesen Sie ein Buch, schalten Sie ab und gehen Sie entspannt ins Bett. Stehen Sie morgens früh auf. Wenn Sie mit frischem Geist und guter Laune zur Arbeit gehen, dann wird Ihr Leben, so denke ich, ein anderes werden.

Wir alle wissen, daß das Gefühl der Einsamkeit weder nützlich noch angenehm ist. Wir alle müssen dagegen ankämpfen. Aber da es eine Vielzahl von Ursachen dafür gibt, sollten wir uns früh genug daran machen, es zu überwinden. Die Familie, diese grundlegende Zelle der Gesellschaft, muß zu einem Ort werden, an dem wir glücklich sind, an dem wir uns in der Liebe und Zuneigung, die uns entgegengebracht wird, entfalten können. Wachsen Kinder zu Hause, aber auch in der Schule, in einer Atmosphäre der Wärme auf, dann werden sie als Erwachsene, als volle Mitglieder der Gesellschaft, anderen nahe sein können. Wenn sie jemandem zum ersten Mal begegnen, wird sie das freuen, und sie werden keine Angst davor haben, ihn anzusprechen. So werden diese Kinder dazu beitragen, eine neue Atmosphäre zu schaffen, in der das Gefühl der Einsamkeit weniger verbreitet sein wird.

## *An alle, die schnell in Wut geraten*

Wenn wir uns von Wut oder Haß mitreißen lassen, werden wir uns weder körperlich noch geistig wohl fühlen. Alle merken, was mit uns los ist, und niemand hat Lust, uns Gesellschaft zu leisten. Selbst die Tiere gehen uns aus dem Weg, mal abgesehen von den Mücken und Flöhen, die es nur auf unser Blut abgesehen haben! Wir haben keinen Appetit mehr, wir schlafen schlecht, manchmal ziehen wir uns Magengeschwüre zu. Wenn wir uns ständig in diesem Zustand befinden, verkürzen wir mit Sicherheit die Zeitspanne, die uns noch zu leben bleibt.

Wozu das alles? Selbst wenn wir unseren Zorn ganz ausleben, werden wir nie alle unsere Feinde ausrotten können. Kennen Sie jemanden, dem das gelungen wäre? Solange wir in uns diesen inneren Feind beherbergen – denn nichts anderes sind Wut und Haß –, gelingt es uns vielleicht heute, alle unsere äußeren Feinde zu besiegen, aber morgen werden wieder neue auftauchen.

Unsere wirklichen Feinde sind die geistigen Gifte: Unwissenheit, Haß, Begierde, Eifersucht, Stolz. Sie allein können unser Glück zerstören. Vor allem Zorn und Haß sind für einen Großteil des Unglücks in unserer Welt verantwortlich, angefangen von Familienstreitigkeiten bis hin zu den größten Konflikten. Sie machen jede Situation – so angenehm diese vielleicht sein könnte – unerträglich. Es gibt keine Religion, die diesen Begegnungen etwas Positives abgewinnen könnte, alle legen die Betonung auf Liebe und Wohlwollen. Es reicht, die verschiedenen Beschreibungen des Paradieses zu lesen, und man wird sehen, daß immer von Frieden, Schönheit, Gärten und Blumen die Rede ist, aber, soweit ich weiß, nie von Konflikten oder Kriegen. Dem Zorn, der Wut wird also keine positive Eigenschaft beigemessen.

Wie sollen wir also mit unserer Wut umgehen? Für manche Menschen ist Wut nichts Negatives. Wer nicht seinen Geist beobachtet, könnte meinen, sie sei Teil der menschlichen Natur und man bräuchte sie nicht zu unterdrücken, sondern sollte sie im Gegenteil ausleben. Wenn dem so wäre, dann müßte man auch Nichtwissen oder Analphabetismus als Teil unseres Geistes verstehen, denn bei der Geburt wissen wir ja nichts. Trotzdem setzen wir alles daran, diesen Zustand zu überwinden, und niemand käme auf die Idee, ihn als natürlich anzusehen. Warum sollten wir also nicht dasselbe mit Haß oder Zorn tun, die eine viel verheerendere Wirkung zeigen können? Ein Versuch zahlt sich in jedem Fall aus.

Jeder Lernprozeß braucht seine Zeit, und es ist unmöglich, alles zu wissen, aber es ist gut, ein bißchen weniger unwissend zu werden. Genauso schwierig ist es, sich für immer und ewig von Wut und Zorn zu befreien, aber auch wenn es uns nur ansatzweise gelingt, ist es schon der Mühe wert. Sie können natürlich einwerfen, daß das Ihre Sache ist und daß das mich nichts angeht. *(lacht schallend)*

Psychologen werden Ihnen vielleicht sagen, daß man ein Gefühl wie Wut nicht verdrängen, sondern zum Ausdruck bringen soll. Aber jedenfalls werden auch Psychologen Sie nicht dazu auffordern, dieses Gefühl absichtlich hervorzurufen oder darin zu schwelgen. Versuchen Sie die Nachteile der Wut zu erkennen, und sollten Sie dann noch immer meinen, sie sei Teil Ihres Geistes, so werden Sie doch einsehen müssen, daß es besser ist, ohne sie auszukommen.

Vermeiden Sie, so gut Sie können, alle Situationen, die in Ihnen eine heftige Reaktion hervorrufen. Wenn Sie trotzdem in solche Situationen kommen, versuchen Sie, sich nicht mitreißen zu lassen. Wenn Sie einer Person begegnen, die die Gabe hat, Sie zu ärgern, dann sollten Sie sich bemühen, diesen Charakterzug auszublenden und die Person unter einem anderen Blickwinkel zu betrachten.

Die Menschen, die wir als Feinde betrachten, sind uns nicht seit ihrer Geburt feindlich gesinnt. Sie werden es erst durch gewisse Gedanken und Verhaltensweisen. Dann titulieren wir sie als »Feinde«.

Verändert sich ihre Haltung uns gegenüber, können sie plötzlich »Freunde« sein. Ein und dieselbe Person ist also einmal »Feind« und einmal »Freund«. Das ist absurd.

Unterscheiden Sie genau zwischen der Person und dem momentanen Verhalten dieser Person. Reagieren Sie nicht auf eine Person, sondern auf deren Gefühle oder Verhaltensweisen. Lassen Sie sich nicht dazu hinreißen, dem Menschen selbst schaden zu wollen. Versuchen Sie ihm dabei zu helfen, sich zu ändern, tun Sie ihm so viel Gutes wie möglich. Wenn Sie sich darauf beschränken, gewisse seiner Handlungen zu unterbinden, und ihn gleichzeitig Ihre Zuneigung spüren lassen, dann stehen die Chancen gut, daß sich der Betreffende sehr schnell nicht mehr als Feind verhält. Ja, vielleicht wird er sogar Ihr Freund.

Ein Unrecht, das Ihnen oder anderen Menschen angetan wird, brauchen Sie nicht zu dulden. Kämpfen Sie gegen das Unrecht, aber beginnen Sie nicht den Verursacher dieses Unrechts zu hassen, und schmieden Sie keine Rachegedanken. Dann wird Ihre Reaktion keine Revanche sein, keine Wut, die auf eine andere Wut antwortet. Das ist echte Geduld. Es ist schwer, angemessen zu reagieren, wenn man innerlich wütend ist. Vergessen Sie also Ihre Wut.

Unlängst war ich in Jerusalem. Ich nahm an einer Diskussion zwischen israelischen und palästinensischen Studenten teil. Am Ende der Diskussion ergriff ein Palästinenser das Wort und meinte, alles wäre in Ordnung, solange sie hier miteinander redeten, aber auf der Straße würde alles wieder ganz anders aussehen. Als die israelische Polizei sie festgenommen hatte, waren sie wütend und sahen die Israelis als Feinde. Er fragte sich, was man da tun könne. Im Laufe der Diskussion kam die Idee auf, den anderen als »Bild Gottes« zu sehen. Einer der Studenten erklärte: »Jedesmal, wenn ihr euch einem Menschen gegenüberseht, der euch Unrecht tut, dann stellt euch vor, er ist ein Bild Gottes – und euer Zorn wird verschwinden.« Ist das nicht eine wunderbare Idee? Ich für meinen Teil finde sie ausgezeichnet.

Wenn Sie ebenfalls religiös sind und diese Methode auf Ihre Art anwenden, wird Ihre Wut ganz von selbst nachlassen. Einmal hat mir jemand geschrieben, daß beim Meditieren vor seinem inneren Auge das Bild des Dalai Lama auftaucht und ihm das sehr gut tue. Wenn er zornig wird, denkt er an mich, und der Zorn verschwindet. Ich wußte gar nicht, daß mein Foto die Kraft hat, Wut zu besänftigen. *(lacht)* Meiner Meinung nach sollten wir uns in dem Moment, in dem in uns Wut hochkommt, nicht auf das Objekt konzentrieren, das diese Wut hervorruft, sondern an einen Menschen, ein anderes Wesen oder ein Ding denken, das wir lieben. Allein dadurch beruhigt sich unser Geist, zumindest in einem gewissen Maß. Denken Sie zum Beispiel an einen geliebten Menschen. Ihr Geist ist dann abgelenkt. Da aber, wie man so sagt, »nicht zwei Gedanken gleichzeitig auftauchen können«, richtet sich Ihr Geist automatisch auf dieses neue Bild, sofern es stärker ist. Dann verschwindet das Bild, das vorher noch da war, und rückt vorläufig in den Hintergrund. Aber passen Sie auf, daß Sie es nicht gleich wieder in den Vordergrund holen! Erinnern Sie sich an seine verheerende Wirkung.

Ich sage oft, daß wir zwar nicht unbedingt unserem Feind Unrecht tun, wenn wir unserem Zorn nachgeben, ganz sicher aber schaden wir uns damit selbst. Wir verlieren unseren inneren Frieden, wir machen nichts mehr richtig, wir verdauen schlecht, wir können nicht mehr schlafen, wir stoßen unsere Besucher vor den Kopf, wir werfen jenen, die es wagen, unsere Wege zu kreuzen, zornige Blicke zu. Wenn wir ein Haustier haben, dann vergessen wir, es zu füttern. Wir machen jenen, die ihr Leben mit uns teilen, das Leben zur Qual und entfremden uns auch den engsten Freunden. Immer weniger Leute haben Mitleid mit uns, und wir werden immer einsamer.

Was unseren vermeintlichen Feind betrifft, so sitzt er vielleicht ruhig bei sich zu Hause. Wenn ihm eines Tages unsere Nachbarn erzählen, was sie gesehen und gehört haben über uns, wird er seine helle

Freude haben. Er wird entzückt sein, wenn sie berichten: »Er ist wirklich unglücklich, er hat keinen Appetit mehr, er schaut erbärmlich aus, seine Haare sind ungepflegt, er schläft schlecht, er nimmt Beruhigungsmittel, niemand kommt ihn mehr besuchen, nicht einmal sein Hund mag sich ihm mehr nähern und hört nicht auf zu winseln.« Und wenn er erfährt, daß man Sie ins Krankenhaus einliefern mußte, ist er wunschlos glücklich.

Zornig und wütend zu sein hat keinen Sinn. Wenn Sie Ihren Feind wirklich bestrafen wollen, ist es besser, in aller Ruhe darüber nachzudenken, welches Schicksal Sie ihm zuteil werden lassen könnten. *(lacht)*

## *An alle, die ihren Begierden ausgeliefert sind*

Jede Begierde, jedes Verlangen will befriedigt werden. Wenn eine Begierde übermächtig wird und wir immer mehr wollen, werden wir das Ziel unserer Wünsche nie erreichen, im Gegenteil: Statt Glück wird uns Leid beschieden sein. Heutzutage spricht man viel von sexueller Freiheit. Aber wenn man sich hemmungslos und nur um der Lust willen dem Sex hingibt, wird man keine dauerhafte Befriedigung finden, sondern sich eine ganze Reihe von Problemen schaffen, deren negative Konsequenzen – der Schmerz des verlassenen Partners, die Zerrüttung der Beziehung, die Verwirrung der Kinder, Geschlechtskrankheiten, AIDS – in keinem Verhältnis stehen zu den kurzen Momenten der Lust, die man sich verschafft hat.

Es liegt in der Natur der Begierde, immer wieder aufzuflammen, selbst wenn man meint, sie gestillt zu haben. Wer in diese Falle tappt, ähnelt einem Durstigen, der Wasser aus dem Meer trinkt: Je mehr er trinkt, desto durstiger wird er.

Außerdem hat alles seine Grenzen. Wenn wir reich sein wollen, gelingt es uns vielleicht, viel Geld zu verdienen, aber eines Tages werden uns die Umstände daran hindern, noch mehr anzuhäufen, und das wird sehr frustrierend für uns sein. Statt sich Beschränkungen zu unterwerfen, die uns von außen aufgezwungen werden, wäre es doch besser, sich selbst eine Grenze zu setzen. Wir sollten unsere Begierden im Zaum halten und lernen, zufrieden zu sein.

Begierden sind die Wurzel unzähliger Probleme. Je heftiger sie sind, desto mehr müssen wir uns anstrengen, um sie befriedigen zu können. Vor einiger Zeit sagte mir ein Geschäftsmann, daß er mit der Vergrößerung seines Betriebs erst so recht Appetit auf immer mehr bekam. Und je größer sein Betrieb wurde, desto unehrlicher wurde er selbst und desto gnadenloser wurde der Konkurrenzkampf. Er kam zum Schluß, daß es sinnlos ist, immer mehr zu wollen, und daß er den Umfang seiner Aufträge nur zu verringern brauchte, um wieder in Ruhe und mit gutem Gewissen arbeiten zu können.

Ich fand seine Worte sehr richtig. Ich will damit nicht sagen, daß man keine Geschäfte betreiben und sich nicht weiterentwickeln soll. Wirtschaftlicher Erfolg ist eine gute Sache. Vor allem können erst dadurch Menschen, die keine Arbeit haben, eine finden; wirtschaftlicher Erfolg ist gut für uns selbst, für die anderen, für die gesamte Gesellschaft. Wenn alle ein Klosterleben führten und vom Betteln lebten – die Wirtschaft würde zusammenbrechen, und wir selbst würden vor Hunger sterben! *(lacht)* Ich weiß, was der Buddha in diesem Fall getan hätte. Er hätte den Mönchen gesagt: »Alle an die Arbeit!« *(lacht)*

Aber die Entwicklung der Wirtschaft darf nicht zu Lasten menschlicher Werte gehen. Man muß fair bleiben und darf seinen inneren Frieden nicht dem Gewinn opfern. Wenn Profit die oberste Maxime ist, warum hat man dann die Sklaverei abgeschafft? Ich glaube, daß wahrer Fortschritt nur mit Idealen möglich ist.

## *An alle, die von Eifersucht oder Neid geplagt werden*

Eifersucht und Neid machen uns unglücklich und hemmen unsere spirituelle Entwicklung. Wenn wir aus dem Grund aggressiv werden, schädigen wir außerdem noch andere. Eifersucht und Neid sind sehr negative Regungen.

Neid ist in den meisten Fällen vollkommen absurd. Er verhindert nicht, daß die, auf die wir neidisch sind, noch mehr Geld oder gute Eigenschaften anhäufen, sondern bringen nur noch mehr Leid über uns. Und was ist niederträchtiger als Neid, der so heftig ist, daß er uns den Erfolg oder den Reichtum anderer zerstören läßt? Es steht außer Zweifel, daß sich das früher oder später gegen uns selbst wenden wird.

Neid ist auch aus einem anderen Grund absurd: Das Wohlergehen einer Gesellschaft hängt von allen ab, die die Gesellschaft ausmachen. Wenn einige in der Gesellschaft Erfolg haben, ist das ein Gewinn für die ganze Gesellschaft und, in einem gewissen Maße, für jeden einzelnen von uns. Wenn wir erfolgreichen Menschen begegnen, dann sollten wir uns klarmachen, daß sich ihr Erfolg auch förderlich auf uns selbst auswirkt, statt uns darüber zu ärgern.

Wenn wir jemanden lieben, können wir gar nicht anders, als uns über dessen Erfolg freuen. Doch auch wenn wir einem bestimmten Menschen keine besondere Wertschätzung entgegenbringen, sollten wir uns über seinen Erfolg freuen, wenn dieser der gesamten Gesellschaft zugute kommt. Wir ganz alleine wären nie in der Lage, für das Wohl unseres Landes zu sorgen. Es bedarf dazu der Anstrengungen und Talente einer großen Anzahl von Menschen. Da diese erfolgreiche Person dazu beiträgt, ist ihr Erfolg eine gute Sache.

Aber selbst wenn wir davon ausgehen, daß jemand, der reicher oder intelligenter ist als wir, dies nur zum eigenen Nutzen einsetzt – was bringt es uns, wenn wir vor Neid vergehen? Warum darf ein anderer nicht haben, was wir uns für uns selbst wünschen?

Für Eifersucht habe ich mehr Verständnis als für Neid – obwohl auch das ein negatives Gefühl ist: das Gefühl, das man empfindet, wenn der Partner das Vertrauen mißbraucht hat. Angenommen, zwei Menschen lieben einander wirklich und beschließen, ein gemeinsames Leben zu führen; sie verstehen sich gut, sie haben volles Vertrauen ineinander, sie setzen Kinder in die Welt. Eines Tages aber hat einer der beiden eine Geliebte oder einen Geliebten. Es ist leicht nachvollziehbar, daß der andere darüber nicht glücklich ist.

Der Eifersüchtige kann natürlich mitverantwortlich sein für diese Situation. Ein Mann hat mir einmal erzählt, wie es ihm ergangen war: Als nach der Heirat eine große Nähe zwischen ihm und seiner Frau entstand und sie immer mehr voneinander wußten, entwickelte er eine Angst, ja, fast eine Aversion gegen die Vorstellung, sie würden irgendwann alles voneinander wissen. Es kam zu Spannungen zwischen ihnen, und die Frau begann ein neues Leben mit einem anderen Mann.

Seine Reaktion schien mir erstaunlich. Wenn man zu zweit lebt, so ist es doch nur natürlich, daß man sich immer näher kommt. Und je näher man dem anderen ist, desto weniger sollte man das Bedürfnis haben, seine Geheimnisse für sich zu behalten. Ist es nicht eine angenehme Vorstellung, sich einem anderen Menschen voll und ganz anvertrauen zu können? Ist es nicht absurd, dem Partner nicht zu vertrauen, wenn man einmal verheiratet ist? Wenn man dem anderen von Anfang an mißtraut, ist es nur logisch, daß dieser sich woanders das sucht, was er in der bestehenden Beziehung nicht findet.

## *An die Stolzen*

Der größte Fehler des Stolzes besteht darin, daß er es uns unmöglich macht, uns zum Besseren zu verändern. Wenn Sie sich sagen: »Ich weiß alles, ich bin wirklich gut«, dann werden Sie nichts mehr dazulernen, und das ist etwas vom Schlimmsten, was Ihnen passieren kann.

Darüber hinaus ist der Stolz die Quelle zahlloser gesellschaftlicher Probleme. Er bringt Neid, Arroganz, Verachtung und Gleichgültigkeit hervor und treibt uns manchmal dazu, andere Menschen schlecht zu behandeln oder gewalttätig zu werden.

Man muß zwischen Stolz und Selbstvertrauen unterscheiden. Selbstvertrauen ist notwendig für uns. Nur wenn wir Vertrauen in uns selbst haben, verlieren wir in gewissen Situationen nicht den Mut und können uns sagen: »Ich kann erfolgreich sein.« Selbstvertrauen unterscheidet sich aber auch von übermäßiger Selbstsicherheit, die auf einer falschen Einschätzung unserer Fähigkeiten oder der Umstände beruht.

Wenn Sie glauben, eine Aufgabe bewältigen zu können, die andere nicht meistern, dann heißt das noch lange nicht, daß Sie stolz sind – sofern Ihr Urteil begründet ist. Es ist, als würde in einer Gruppe kleinwüchsiger Menschen, die etwas haben wollen, was sich außerhalb ihrer Reichweite befindet, ein großgewachsener Mensch auftauchen und sagen: »Strengt euch nicht an, ich hole euch das.« Das bedeutet einfach, daß er eher in der Lage ist als die anderen, eine bestimmte Aufgabe zu erfüllen, es heißt aber nicht, daß er den anderen überlegen ist oder sich über sie hinwegsetzen kann.

Stolz ist nie gerechtfertigt. Er beruht auf einer falschen Einschätzung unserer selbst oder auf zufälligen, oberflächlichen Erfolgen. Rufen wir uns seine negativen Auswirkungen in Erinnerung, indem wir uns unserer Fehler und unserer Grenzen bewußt werden und erkennen, daß wir uns nicht von jenen Menschen unterscheiden, denen wir uns überlegen fühlen.

## *An alle, die traumatische Erfahrungen gemacht haben*

Manche Menschen haben dramatische Dinge erlebt. Sie haben gesehen, wie ihre Eltern oder andere Menschen umgebracht wurden, oder sie sind Opfer von Vergewaltigung oder Folter geworden. Noch Jahre danach verfolgen sie diese Bilder, und oft ist es ihnen unmöglich, darüber zu sprechen. Es ist nicht leicht, diesen Menschen zu helfen. Wie schlimm ein Trauma empfunden wird, hängt – wie auch die Heilung – stark vom sozialen und kulturellen Kontext ab. Auch die Religion kann dabei eine große Rolle spielen. Ich denke hier vor allem an die Tibeter, die aufgrund ihres buddhistischen Glaubens von traumatischen Erlebnissen nicht so sehr aus der Bahn geworfen werden.

Wenn die Opfer die innere Offenheit mitbringen, um verzeihen zu können, und wenn jene, die vergewaltigt, gefoltert oder getötet haben, sich der Ungeheuerlichkeit ihrer Taten bewußt werden und sich bessern wollen, dann kann sich eine Begegnung zwischen den beiden Seiten als gewinnbringend herausstellen. Sie kann demjenigen, der sich eines Verbrechens schuldig gemacht hat, die Gelegenheit geben, seine Fehler einzusehen und sein echtes Bedauern auszudrücken, und dem Opfer kann eine solche Begegnung die Chance geben, sich zumindest teilweise von seinem Trauma zu befreien. Und wenn es gelingt, eine gemeinsame Basis zu finden, auf der Versöhnung möglich wird – was will man mehr?

Oft sind es nicht nur die Opfer, die unter schweren Störungen leiden. Manchmal trifft es auch jene, die das Leid verursacht haben. Ich denke hier vor allem an Soldaten und speziell an die Veteranen des Vietnamkriegs, die sich andauernd an die Gewalttätigkeiten und die Abscheulichkeiten, die sie selbst begangen haben, erinnern. Noch heute haben sie Alpträume, in denen sie Szenen dieser Massaker, Explosionen oder verstümmelte Leichen sehen, und ihr Geist hat nachhaltige schwere Störungen davongetragen.

Menschen, die solche Dinge durchgemacht haben, haben oft mit einem Problem zu kämpfen: mit dem Mangel an Anteilnahme in ihrer Umgebung. Freundlichkeit, Hilfsbereitschaft und Mitgefühl können dazu beitragen, ihr Leiden zu lindern, aber genau das fehlt oft in unserer Gesellschaft, und die Opfer fühlen sich alleingelassen.

Dabei ist es sehr wohl möglich, ihnen zu helfen, mit ihnen zu sprechen, sei es in Gruppen oder einzeln, und verschiedene Methoden anzuwenden, um ihre Qualen zu lindern. Machen wir ihnen bewußt, daß sie nicht allein sind, daß es viele andere Menschen gibt, die sich in einer ähnlichen Lage befinden und denen es gelungen ist, sich von diesen Erlebnissen zu befreien. Sprechen wir mit ihnen über leidvolle Erfahrungen oder traumatische Erlebnisse, die wir vielleicht selbst durchgemacht haben, und erzählen wir ihnen, wie es uns gelungen ist, darüber hinwegzukommen.

Wohlgemerkt darf man sich nicht mit Theorien oder psychologischen Rezepten zufriedengeben. Wir müssen eine reine Absicht mitbringen und aus innerster Überzeugung handeln. Wir müssen Geduld haben und bereit sein, so lange durchzuhalten, wie es nötig ist. Wenn ein Mensch psychisch völlig aus dem Gleichgewicht geraten ist, reichen ein paar tröstende Worte nicht.

Die Erfahrung zeigt, daß Menschen, die in einer friedvollen Atmosphäre aufgewachsen sind und ihre menschlichen Fähigkeiten auf stabile Weise entwickeln konnten, traumatische Erfahrungen besser als andere bewältigen. Menschen, die aus einem konfliktgeladenen oder gewalttätigen Milieu stammen, reagieren hingegen öfter negativ und brauchen länger, um sich davon zu erholen.

So wie ein kräftiger Körper mit Krankheiten besser fertig wird und schneller gesundet, so wird ein gesunder Geist leichter mit tragischen Unfällen oder schlechten Neuigkeiten fertig. Ist unser Geist geschwächt, können uns solche Ereignisse tiefer treffen, und wir brauchen länger, um sie zu verarbeiten.

Das heißt aber nicht, daß unsere geistige Verfassung mit der Geburt ein für alle Mal festgelegt ist. Durch Übung können wir unsere geistige Gesundheit verbessern. Aber auch hier spielen die Erziehung, das familiäre Umfeld, die Gesellschaft, die Religion, die Medien und viele andere Faktoren eine entscheidende Rolle.

Wenn Sie ein traumatisches Erlebnis gehabt haben, machen Sie sich bewußt, daß Ihre Unruhe und Ihre Sorgen nur ein zusätzliches Leiden darstellen, das eigentlich gar nicht notwendig ist. Sprechen Sie von Ihrem Problem, werden Sie es los, behalten Sie es nicht aus falscher Scham oder Scheu für sich. Sagen Sie sich, daß dieses dramatische Ereignis jetzt der Vergangenheit angehört und daß es nichts bringt, es in die Zukunft mitzuschleppen. Versuchen Sie Ihren Geist positiveren Aspekten Ihrer Existenz zuzuwenden.

Denken Sie auch darüber nach, wie Ihr Leid zustande gekommen ist. Jene, die anderen Leid zufügen, werden von drei Giften beherrscht – Nichtwissen, Haß und Begierde – und sind nicht in der Lage, ihren Geist zu kontrollieren. Wir alle tragen diese drei Gifte in uns. Würden sie nur ein bißchen mehr Einfluß über uns gewinnen, wir wären fähig, ebenso ein Verbrechen zu begehen. Umgekehrt ist es auch denkbar, daß ein Krimineller eines Tages seine negativen Gefühle unter Kontrolle bringt und ein guter Mensch wird. Man kann über niemanden ein definitives Urteil fällen.

Unter dem Einfluß unserer inneren Neigungen oder gewisser Umstände sind wir in der Lage, Dinge zu tun, die uns normalerweise undenkbar scheinen. Beeinflußt von so fragwürdigen Konzepten wie Rassismus oder Nationalismus können auch Menschen, die nicht a priori Kriminelle sind, äußerst gewalttätig oder grausam werden. Daran sollten wir denken, wenn andere uns weh tun. Wir müssen dann zu dem Schluß kommen, daß unser Leid verschiedene Quellen hat und man nicht ein einziges Wesen, eine einzige Ursache dafür verantwortlich machen kann. Dann werden wir das Problem aus einem neuen Blickwinkel betrachten.

## *An die Schüchternen*

Manchmal legen wir in Gegenwart fremder Menschen eine besonders reservierte oder kühle Haltung an den Tag. Das ist kein angemessenes Verhalten, denn wir haben ja keinerlei Grund, den Kontakt mit anderen Menschen zu fürchten. Wenn wir uns bewußtmachen, daß sie Menschen wie wir sind, mit denselben Sehnsüchten, denselben Bedürfnissen, wird es leichter, das Eis zu brechen und mit ihnen zu sprechen.

Diese Methode wende auch ich selbst an. Wenn ich einem Menschen begegne, den ich noch nicht kenne, sage ich mir zuerst einmal, daß er ein menschliches Wesen ist, das nach Glück strebt und Leid vermeiden will – genau wie ich selbst. Egal, wie alt oder wie groß dieser Fremde ist, welche Hautfarbe oder welchen Rang er hat – es gibt keinen grundlegenden Unterschied zwischen uns. Wenn mir das wirklich bewußt ist, habe ich keine Probleme mehr, mich ihm zu öffnen wie einem Menschen aus meiner Familie, und jede Schüchternheit ist wie weggeblasen.

Schüchternheit entsteht oft aus Mangel an Selbstvertrauen und aus einem übertriebenen Festhalten an Formalitäten und gesellschaftlichen Konventionen. Wir sind Gefangene des Bildes, das wir anderen von uns geben wollen. Es handelt sich dabei um ein künstliches Verhalten, und unsere natürlichen Neigungen rufen uns das manchmal sehr vehement in Erinnerung. Wenn wir zum Beispiel das dringende Bedürfnis verspüren, unsere Blase zu entleeren, können wir zwar einen Augenblick so tun, als wäre alles in Ordnung, aber diesen Zustand kann man nicht nach Belieben in die Länge ziehen! Ich erinnere mich, wie ich als Kind während der langen Zeremonien nicht zögerte, meinem Lehrer zu sagen, daß ich mich einen Moment zurückziehen müsse, auch wenn ich wegen der Vorbildfunktion, die mir zugedacht war, eigentlich bis zur nächsten Pause hätte warten müssen! *(lacht)*

Oft sind wir schüchtern, weil wir uns schützen wollen und wir zu sehr mit uns selbst beschäftigt sind. Es ist paradox: Je mehr wir uns schützen wollen, desto weniger Vertrauen haben wir in uns selbst und desto schüchterner werden wir. Umgekehrt gewinnen wir an Selbstsicherheit, wenn wir uns weniger mit uns beschäftigen, sondern uns mehr anderen Menschen öffnen, indem wir ihnen unsere Liebe und unser Mitgefühl zeigen.

## *An die Unentschlossenen*

Im Leben brauchen wir ein Minimum an Mut, um Entscheidungen treffen zu können. Aber da impulsive Entscheidungen nicht unbedingt die besten sind, ist eine gewisse Dosis an Unentschlossenheit durchaus angebracht, denn sie gibt uns die Zeit, die wir brauchen, um eine Situation richtig einschätzen zu können oder um Menschen zu Rate zu ziehen, die mehr Einblick haben als wir selbst. Bis zu einem gewissen Punkt ist Unentschlossenheit also sinnvoll. Aber sobald wir einmal alle Für und Wider abgewogen haben, müssen wir die Kraft haben, uns zu entscheiden, egal, welche Probleme uns unter Umständen erwarten.

Ich gestehe, daß ich meinen eigenen Rat nicht immer beherzige. Bei den Versammlungen mit den Mitgliedern des Kashag (des Ministerkabinetts der tibetischen Exilregierung) passiert es mir immer wieder, daß ich eine Entscheidung über ein aktuelles Thema treffe, aber nach dem Mittagessen alles in einem anderen Licht sehe und mir sage: »Hätte ich doch anders entschieden!« *(lacht schallend)* Ich kann zu diesem Thema also keine wirklich brauchbaren Ratschläge geben!

## *An alle, die sich selbst nicht lieben*

Selbsthaß ist eine äußerst negative Haltung. Schaut man ein bißchen hinter die Fassade, so entdeckt man sehr schnell, daß dieser Haß aus einer zu hohen Vorstellung von sich selbst resultiert. Wir wollen um jeden Preis die Besten sein und ertragen es nicht, wenn uns auch nur eine Kleinigkeit von unserem Idealbild trennt.

Als ich das erste Mal vom Phänomen des Selbsthasses hörte, war ich sehr überrascht. Ich fragte mich, wie man sich selber hassen könne. Alle Wesen lieben sich, sogar die Tiere. Bei genauerem Nachdenken entdeckte ich, daß es sich beim Selbsthaß um eine Form von übersteigerter Selbstliebe handelt.

Eines ist sicher: Wenn wir uns selbst kein Wohlwollen entgegenbringen, dann können wir es auch anderen Menschen nicht entgegenbringen. Um für andere Liebe und Zärtlichkeit empfinden und ihnen Glück und Wohlergehen wünschen zu können, müssen wir diese Gefühle zuerst uns selbst gegenüber empfinden. Erst dann können wir verstehen, daß die anderen die genau gleichen Sehnsüchte haben, und erst dann kann es uns gelingen, ihnen gegenüber Liebe und Mitgefühl zu entfalten. Wenn man sich selbst haßt, kann man auch andere Menschen nicht lieben. Und unternimmt man nichts, um diese Einstellung zu ändern, so hat man nur sehr geringe Chancen, Frieden und innere Freude zu finden. Man vergeudet sein Leben, und das ist dumm. Ich sollte das vielleicht nicht sagen, aber es ist die Wahrheit.

Wenn Sie Ihren Selbsthaß überwinden wollen, müssen Sie sich zuerst das falsche Bild, das Sie von sich selbst haben, bewußtmachen und ein authentisches, gesundes Vertrauen in sich selbst entwikkeln, eines, das in Ihren grundlegenden menschlichen Eigenschaften wurzelt. Seien Sie demütig und wenden Sie sich intensiver Ihren Mitmenschen zu.

## *An alle, die dem Alkohol oder anderen Drogen verfallen sind*

Wer trinkt oder Drogen nimmt, weiß im allgemeinen, daß er sich zerstört, aber es fehlt ihm an der Entschlossenheit, die notwendig wäre, um aufzuhören. Diese Schwäche ist oft ein Zug unserer Persönlichkeit, ähnlich wie die durch traumatische Erlebnisse bedingte Labilität, von der wir vorher gesprochen haben.

Jedermann weiß, daß Drogen die Gesundheit schädigen und den Geist verwirren. Auch wenn sie kurzfristig Angst lindern können, sind sie nicht imstande, das Leiden zum Verschwinden zu bringen, sie verschleiern es nur vorläufig. Um das Leiden besiegen zu können, müssen wir es zuerst identifizieren, sein Wesen und seine Ursachen erkennen, und genau das macht die Verwirrung, die diese Substanzen hervorrufen, unmöglich.

In einer Dokumentation der BBC erzählten junge Russen, daß die Euphorie, die sie beim Konsum von Drogen empfinden, jede sexuelle Lust bei weitem übertrifft – wo es doch heißt, sexuelle Lust sei die intensivste, die Mensch und Tier empfinden können. Daran kann man erkennen, daß diese Substanzen vergessen lassen, welche Gefahren sie mit sich bringen. Wie sollen uns aber Vergessen und Verwirrung von unseren Problemen befreien? Ich sage oft im Spaß, daß unser Geist schon verwirrt genug ist, wir brauchen das nicht noch zu fördern.

Aufklärung, Unterstützung von außen und eine schonungslose Auseinandersetzung mit den negativen Auswirkungen von Drogen können Ihnen die Kraft geben, daraus herauszufinden. Versuchen Sie, in sich inneren Frieden und ein Gefühl des Glücks zu entwickeln, das nicht von den Umständen oder äußeren Bedingungen abhängig ist, statt einem falschen, vergänglichen Glück nachzulaufen, das unweigerlich zu Leid führen muß. Wie ich es schon in meinen Ratschlägen an die Jugendlichen betont habe, sollten Sie auf Ihre eigenen Fähigkeiten bauen und Vertrauen in sich haben. Und lernen Sie, auf eigenen Füßen zu stehen. Wenden Sie sich verstärkt anderen Menschen zu. Ich bin überzeugt davon, daß der Mut in gleichem Maße wächst wie die Nächstenliebe.

## *An alle, die in einer Leidenschaft gefangen sind*

Im allgemeinen werden Etiketten wie »gut« und »schlecht«, »schön« und »häßlich«, mit denen wir die Wesen und Dinge rund um uns kennzeichnen, von unserer Begierde bestimmt. Wir nennen das »gut«, was wir lieben, und das »schlecht«, was wir verabscheuen. Das alles sind Erfindungen unseres eigenen Geistes. Würde Schönheit im Objekt selbst existieren, würden uns alle unweigerlich dieselben Wesen und Dinge ansprechen.

Das sexuelle Verlangen, das alle unsere Sinne anspricht, hat eine besonders große Macht über uns, die unsere Wahrnehmung ganz radikal verändern kann. Im Zustand leidenschaftlicher Liebe scheint uns der Mann oder die Frau, die wir begehren, in jeder Hinsicht vollkommen, unveränderlich und wert, auf ewig geliebt zu werden. Jede Facette der Persönlichkeit des begehrten Wesens besitzt eine außergewöhnliche Strahlkraft. Wir können uns nicht vorstellen, ohne diesen Menschen leben zu können. Da aber alles von Natur aus im Wandel begriffen ist, kann das, was wir als bewundernswert empfinden, durch ein Wort oder eine Geste, und sei sie noch so unbedeutsam, von einem Moment auf den anderen seine Anziehungskraft verlieren. Und schlimmer noch: Wenn wir entdecken, daß diese Person, die in unseren Augen so vollkommen erschien, einen anderen liebt, kann sie sich in unseren Augen plötzlich in ein zutiefst verabscheuungswürdiges Wesen verwandeln.

Wenn Sie das Gefühl haben, zu sehr in eine derartige Bindung verstrickt zu sein, dann überprüfen Sie Ihre Situation ganz entspannt aus so vielen Blickwinkeln wie möglich. Rufen Sie sich in Erinnerung, daß alles ständig in Fluß ist und Kategorien wie »gut« und »angenehm« nichts als Erfindungen unseres Geistes sind. Dann werden Sie sicher zu einer anderen Einstellung finden. Manchmal reicht es, sich zu fragen, wie Sie das Objekt Ihrer Liebe wahrnehmen würden, wenn Sie plötzlich erfahren, daß Sie betrogen werden. Oder stellen Sie sich vor, daß diese Person etwas tut, was nicht im geringsten mit dem Idealbild, das Sie von ihr haben, übereinstimmt.

Unterscheiden wir zwischen echter Liebe und Anhaften. Im Idealfall erwartet eine echte Liebe keine Gegenleistung und hängt nicht von den Umständen ab. Anhaften hingegen kann sich je nach den Ereignissen und Gefühlen verändern.

Eine Liebesbeziehung, die mehr oder weniger stark von sexueller Anziehung bestimmt ist, kann, wie ich schon vorher gesagt habe, nur dann authentisch und dauerhaft sein, wenn die Wahl unseres Partners nicht nur auf physischer Anziehung beruht, sondern auch auf gegenseitigem Respekt und Vertrauen.

## *An alle, die unbedacht mit Worten umgehen*

Es kommt oft vor, daß wir ein falsches Bild von der Wirklichkeit haben und das auch in unseren Worten zum Ausdruck bringen, ohne aber wirklich die Absicht zu haben zu lügen. In Tibet erzählt man die Geschichte eines Mannes, der einen großen Fisch gesehen hatte und von dem man wissen wollte, wie groß dieser Fisch denn gewesen sei. Er antwortete mit ausladenden Gesten, daß er wirklich sehr groß gewesen sei. Die anderen ließen nicht locker. Wie groß genau? Jetzt war der Fisch schon kleiner. Im Ernst: Wie groß war er? Da war es plötzlich nur mehr ein ganz kleiner Fisch. Man kann nicht sagen, der Mann hätte anfangs gelogen. Er achtete nur einfach nicht auf das, was er sagte. Es ist seltsam, aber manche Menschen scheinen sich immer auf diese Weise auszudrücken. Die Tibeter zum Beispiel. Wenn sie etwas erzählen, müssen sie nichts beweisen; niemand will wissen, woher eine Neuigkeit stammt oder wie man sie erfahren hat. Menschen, die einen Hang zu solchem Sprechen haben, sollten genauer auf das achten, was sie sagen.

In gewisser Hinsicht ist es gut, wenig und nur dann zu reden, wenn man etwas zu sagen hat. Die

Sprache ist einer der charakteristischen und außergewöhnlichen Züge der Menschen, obwohl auch manche Tiere wie die Delphine oder Wale auf komplexe Weise zu kommunizieren scheinen. Untersucht man die Sprache jedoch genauer, entdeckt man, daß sie eigentlich sehr beschränkt ist. Die Konzepte und Worte, die wir verwenden, trennen die Dinge auf künstliche Weise, während die Objekte, die sie bezeichnen, unendlich viele Facetten besitzen, die sich ständig verändern und sich aus einer ebenso unendlichen Anzahl von Ursachen und Bedingungen herausgebildet haben. Wenn wir uns mit der Sprache nur auf einen Aspekt der Wirklichkeit beziehen, schließen wir mental alle anderen aus und bezeichnen das betreffende Objekt mit einem einzigen Begriff, der sich nur auf ein einziges Objekt bezieht und anhand dessen wir das Objekt wiedererkennen. Je nachdem, wie man dieses Objekt benutzt, werden Unterscheidungen getroffen: Dieses ist gut, jenes ist schlecht usw., während es in Wirklichkeit unmöglich ist, einem Wesen oder Ding ihm zugehörige Eigenschaften zuzuschreiben. Daraus ergibt sich eine Sicht der Wirklichkeit, die im besten Fall einseitig und im schlimmsten Fall einfach falsch ist. Egal, wie nuanciert eine Sprache auch sein mag: Ihre Macht ist sehr beschränkt. Nur eine nicht von Konzepten gefärbte direkte Erfahrung erlaubt uns, die wahre Natur der Dinge wahrzunehmen.

Dieses Problem der Sprache findet man in vielen unterschiedlichen Bereichen wieder, in der Politik zum Beispiel. Die Politiker erarbeiten einfache Programme, um vielschichtige Probleme zu lösen, bei denen zahlreiche Faktoren mitspielen. Sie tun so, als ob sie mittels Konzepten wie dem Marxismus, Sozialismus, Liberalismus, Protektionismus oder ähnlichem Lösungen finden könnten. Aus der Unzahl von Ursachen und Bedingungen, die für eine bestimmte Situation ausschlaggebend sind, greifen sie eine oder zwei heraus, ohne die anderen zu berücksichtigen. Sie haben daher nie eine wirkliche Antwort, was Mißverständnissen Tür und Tor öffnet. Meiner Meinung nach liegt darin die Wurzel aller Probleme. Leider haben wir keine andere Wahl, als mit Worten und Konzepten zu arbeiten.

Daraus ziehe ich den Schluß, daß man die Sprache besser nur dann benutzt, wenn es wirklich sinnvoll ist. Wenn wir ohne echten Grund viel reden, dann ist es, als ließen wir in einem Garten tausend Kräuter sprießen, die wir nicht brauchen können. Wäre es nicht sinnvoller, weniger davon zu haben?

## *An alle, die andere gern kritisieren*

Im allgemeinen bestärke ich Leute, die mich kritisieren oder sogar beleidigen, sofern die Absicht dahinter gut ist. Wenn wir bei jemandem einen Fehler entdecken und ihm trotzdem versichern, es sei alles in Ordnung, so macht das keinen Sinn und hilft ihm in keinster Weise. Wenn wir jemandem sagen, daß das, was er tut, nicht weiter schlimm ist, während wir ihn innerlich verfluchen, dann ist das auch nicht gerade hilfreich. Sagen Sie, was Sie denken, offen und ehrlich. Stellen Sie klar, was einer Klarstellung bedarf. Unterscheiden Sie das Falsche vom Richtigen. Auch Zweifel muß man äußern können. Auch auf die Gefahr hin, daß Ihre Worte hart klingen: Sagen Sie, was Sie denken. Sie gewinnen dadurch Klarheit und entziehen Gerüchten ihre Grundlage. Wenn wir uns nur in zuckersüßer Höflichkeit ergehen, bleibt immer eine Basis für lügnerische Gerüchte zurück. Ich persönlich mag direkte Worte.

Eines Tages sagte mir jemand: »Mao Tse-tung hat gesagt, man muß wagen zu denken, wagen zu sprechen und wagen zu handeln.« Es stimmt, daß wir bei der Arbeit und beim alltäglichen Handeln unser Denken einschalten müssen. Wir müssen auch den

Mut aufbringen, das zu sagen, was wir denken, und das zu tun, was wir sagen. Wenn niemand handelt, gibt es keinen Fortschritt, und Fehler können nicht korrigiert werden. Aber man muß sich auch fragen, ob das, was man tun oder sagen will, zu irgend etwas gut ist. Wenn wir jemanden mit der besten Absicht der Welt mit unseren Worten verletzen und ihn das nicht weiterbringt, dann hat unsere allzu direkte oder brutale Weise ihr Ziel verfehlt. Diese Person hätte vielleicht eine kleine Lüge gebraucht!

Im Hinayana-Buddhismus sind sieben negative Handlungen des Körpers und der Sprache verboten: Mord, Diebstahl, sexuelles Fehlverhalten, Lüge, Verleumdung, verletzende Worte und sinnloses Gerede. Im Mahayana-Buddhismus hingegen ist selbst eine so schädliche Tat wie die Tötung eines Menschen zulässig, sofern sie dem Wohl der anderen dient und frei von egoistischem Streben ist.

Wie dem auch sei: Meiner Meinung nach soll man die Wahrheit sagen, und im Normalfall ist sie auch wohltuend, selbst wenn man sie in harten Worten zum Ausdruck bringt. Allerdings sollte man unbedingt vermeiden, andere böswillig oder aus einer negativen Sicht der Dinge heraus zu kritisieren oder zu verletzen. In diesem Fall bringen unsere Worte Leid über Menschen, wir fühlen uns selbst nicht wohl dabei und vergiften die Atmosphäre.

## *An alle, die anderen Leid zufügen*

Manchmal fügen wir anderen aus Unwissenheit Leid zu, und wir ahnen überhaupt nicht, daß wir jemandem etwas angetan haben. Wir sind uns zum Beispiel nur selten bewußt, daß auch Tiere Schmerz und Lust empfinden. Auch verstehen wir das Leid unserer Mitmenschen oft nicht, es sei denn, wir haben es am eigenen Leib erfahren. Natürlich sind sie es, die leiden, nicht wir. Erst wenn wir uns sagen: »Wenn man mich schlägt, wenn man mich beschimpft, leide ich auch«, können wir uns annähernd vorstellen, was sie empfinden müssen.

Manche Menschen kümmern sich nicht im geringsten um das Leid, das sie anderen zufügen. Ihnen geht es in erster Linie darum, selbst mit heiler Haut davonzukommen. Auch das ist ein Problem des fehlenden Bewußtseins. Je mehr Leid man anderen zufügt, desto mehr Ursachen für eigenes Leid häuft man an. Und da man dadurch auch die Gesellschaft schädigt, schädigt man sich selbst gleich doppelt.

Wenn wir uns einem anderen Menschen gegenüber sehr schlecht verhalten haben, sollten wir es bedauern und unseren Fehler erkennen. Wir dürfen uns aber nicht gleich verdammen und uns einbilden, ab sofort kein normales Leben mehr führen zu können. Einerseits sollten wir nicht vergessen, was wir getan haben, andererseits dürfen wir aber auch nicht allzu deprimiert sein und uns mit Selbstvorwürfen quälen. Seien wir nicht gleichgültig, denn dies hieße zu vergessen, aber verzeihen wir uns selbst: »Damals habe ich mich geirrt, aber das wird sich nicht mehr wiederholen. Ich bin ein menschliches Wesen, ich bin in der Lage, meine Fehler zu überwinden.« Wenn wir die Hoffnung verlieren, dann deswegen, weil wir uns nicht selbst verziehen haben.

Wenn irgendwie möglich, sollten wir die Person aufsuchen, der wir geschadet haben. Sagen wir ihr aufrichtig: »Ich habe mich Ihnen gegenüber unrecht verhalten, verzeihen Sie mir.« Nimmt der andere unsere Entschuldigung an und legt sich sein Groll, dann könnte man von einer »wiedergutmachenden Beichte« sprechen, wie es der Buddhismus bezeichnet. Aber man braucht das gar nicht religiös zu sehen. Es reicht, jenen die Hand zu reichen, denen man Schmerz zugefügt hat, anzuerkennen, daß man im Irrtum war, sein aufrichtiges Bedauern auszudrücken und dadurch den Groll des anderen zu besänftigen. Das ist natürlich nur dann möglich, wenn beide Seiten große geistige Offenheit an den Tag legen.

Es gibt auch Menschen, die anderen ganz bewußt

Leid zufügen. In diesem Fall besteht die einzig mögliche Reaktion der Gesellschaft in der Anwendung von Gewalt. Wie sollte man sonst mit einem Hitler oder Pol Pot umgehen?

Ich glaube nicht, daß der Wunsch, anderen Leid zuzufügen, angeboren ist. Er ist uns nicht in die Wiege gelegt, er kommt erst später auf. Er ist ein Produkt unseres Geistes. Irgendwann setzte sich bei Hitler die Vorstellung fest, die Juden seien schädliche Menschen, die man eliminieren müsse. Diese Idee ist im Lauf der Zeit so dominant geworden, daß sie alles andere in den Hintergrund drängte und jedes Gefühl des Mitleids im Keim erstickte. Wenn wir den anderen als Feind betrachten, so ist das immer ein Produkt unserer Vorstellung. Der Buddhismus stuft dieses Phänomen als etwas Künstliches, vom Geist Geschaffenes ein, im Gegensatz zu dem, was von sich aus existiert. Ein Gedanke taucht auf, man hält ihn für wahr und mißt ihm eine große Bedeutung bei, man baut ein ganzes Programm darauf auf, und man setzt dieses Programm in die Praxis um, ohne sich um das Leid zu kümmern, das es über andere bringt.

Will man Menschen, die sich auf diesem Irrweg befinden, zu einer Haltungsänderung bewegen, muß man zuerst an ihre innerste Menschlichkeit appellieren und Mittel und Wege finden, sie zumindest ansatzweise von ihrer Ideologie abzubringen. Nur dann hat man die Chance, sie zur Vernunft zu bringen. Gelingt das nicht, dann bleibt nur der Einsatz von Gewalt. Aber diese Gewalt darf nicht willkürlich ausgeübt werden: Auch wenn die anderen schreckliche Verbrechen begangen haben, muß man sie menschlich behandeln. Das ist der einzig gangbare Weg, wenn man eine Veränderung in ihnen herbeiführen will.

Die Liebe ist das höchste Mittel, um Wesen zu verändern, selbst wenn sie voller Haß und Wut sind. Wenn Sie es schaffen, ihnen diese Liebe zu zeigen, ohne zu schwanken oder nachzulassen, dann wird es Ihnen gelingen, diese Menschen eines Tages in ihrem Innersten zu berühren. Dazu braucht es aber Zeit. Ich persönlich wäre dessen nicht fähig. Am Anfang würde ich versuchen, nett zu sein, aber sehr bald würde ich ihnen sagen: »Dann eben nicht!« *(lacht schallend)* Man muß unendliche Geduld aufbringen. Aber wenn Ihre Absicht vollkommen rein ist und Ihre Liebe, Ihr Mitgefühl konstant sind, wird es Ihnen gelingen.

## *An alle, die gleichgültig sind*

Gleichgültigkeit, vor allem Gleichgültigkeit anderen Menschen gegenüber, ist einer der schlimmsten Fehler, die es gibt. Wer nur an sich denkt, wen es kalt läßt, was den anderen widerfährt, legt eine sehr beschränkte Sicht der Welt an den Tag. Sein Denken ist zu eng, sein Inneres verkümmert. Von unserer Empfängnis an sind wir von anderen abhängig. Das Glück und die Zukunft unserer Welt, alle Annehmlichkeiten, derer wir uns erfreuen, die Dinge, die wir benutzen, unser simples tagtägliches Überleben, das alles ist nur möglich, weil andere Menschen für uns arbeiten. Gebete und andere spirituelle Praktiken haben zwar ihre Wirkung, aber es ist vor allem das Handeln der Menschen, das die Welt formt.

Alles existiert in gegenseitiger Abhängigkeit. Man wird nichts finden, was für sich und durch sich existiert. Es ist also unmöglich, sein eigenes Wohlergehen losgelöst von dem der anderen zu denken. Alles, was wir tun, Augenblick für Augenblick, erzeugt neue Umstände, die ihrerseits zum Auftreten neuer Ereignisse führen. Egal, was wir tun, wir haben teil an der Kette von Ursache und Wirkung, ob wir es wollen oder nicht. In gleicher Weise ist unser zukünftiges Leid und Glück das Resultat von Ursachen und Bedingungen in der Gegenwart, auch wenn sich uns die Komplexität dieser Zusammenhänge nicht erschließt. Wir sind also sowohl für uns als auch für die anderen verantwortlich.

Der Gleichgültige, der sich weder über das Wohl der anderen noch über die Ursache seines zukünftigen Glücks Gedanken macht, sät durch diese Haltung zwangsweise den Samen für sein eigenes Unglück.

# DAS SPIRITUELLE LEBEN

## *An alle, die einen Glauben haben*

Jeder Mensch hat die Freiheit, zu glauben oder nicht zu glauben. Aber wenn Sie einer Religion angehören und an die Lehren dieser Religion glauben, sollten Sie ihr eine große Bedeutung beimessen und versuchen, nicht nur einen Gelegenheitsglauben zu praktizieren. Handeln Sie bedacht und achten Sie darauf, daß Ihre Gedanken dem entsprechen, was Sie sagen.

Manche Menschen denken: »Wenn ich Buddhist bin, muß ich imstande sein, ein vollkommenes, perfektes Leben zu führen, sonst gebe ich lieber gleich auf.« Dieser Haltung des Alles-oder-Nichts begegnet man häufig bei Menschen der westlichen Welt. Leider ist es sehr schwer, von einem Tag auf den anderen perfekt zu werden. Nur durch Übung kommt man zum Ziel: Ist das nicht ein ganz wesentlicher Punkt? Genauso wenig sollten Sie sich aber sagen: »Ob ich praktiziere oder nicht, das macht keinen Unterschied, ich schaffe das sowieso nie.« Setzen Sie sich ein Ziel, verschaffen Sie sich die Mittel, um dieses Ziel erreichen zu können, und nähern Sie sich Schritt für Schritt Ihrem Ziel.

Jeder hat seine eigene Natur, seine eigenen Vorstellungen, und was dem einen entspricht, muß nicht unbedingt auch für andere geeignet sein. Das ist ein Punkt, den man unbedingt bedenken sollte, wenn man andere Religionen und spirituelle Wege beurteilt. Ihre Vielfalt entspricht der Vielfalt der Wesen, und selbst wenn nicht jeder auf diese Weise empfindet, ist es doch so, daß sehr viele Wesen darin eine große Stütze gefunden haben und noch immer finden. Machen wir uns das bewußt und bringen wir allen Religionen den Respekt entgegen, den sie verdienen.

Alle Religionen haben ihre Rituale. Aber sie umfassen auch grundlegendere Aspekte. Die wesentlichste Praxis des Buddhismus zum Beispiel ist die Beherrschung des Geistes. Aber da es nicht leicht ist, den Geist zu beherrschen, und es einer beharrlichen Anstrengung bedarf, messen viele von uns diesem Aspekt nur eine zweitrangige Bedeutung zu. Einerseits glaubt man an den Buddhismus, andererseits gelingt es einem aber nicht, den Glauben in aller Konsequenz zu leben. Man begnügt sich mit äußerlichen Riten, mit oberflächlichen Frömmigkeitsbezeugungen, und man rezitiert die Texte nur mit den Lippen.

Bei den tibetischen Ritualen verwendet man gerne Trommeln, Glocken, Zymbeln und andere Musikinstrumente. Zuschauer sagen sich oft: »Die praktizieren wirklich echten Buddhismus!« Dabei messen sie aber jenen Gedanken nur wenig Bedeutung bei, die den Geist vom illusorischen Charakter der Welt ablenken – nämlich der Liebe, dem Mitgefühl und dem Erweckungsgeist –, also diesen tieferen Praktiken, denen man seine ganze Energie widmen sollte. Ist es nicht so?

Bei den Christen finden wir ein vergleichbares Phänomen. Sonntags geht man in die Messe, rezitiert mit geschlossenen Augen und in aller Eiligkeit ein paar Gebete, aber sobald man mit den alltäglichen Schwierigkeiten konfrontiert ist, gehen einem alle möglichen Gedanken durch den Kopf, die mit der Religion unvereinbar sind, oder man ist nicht in der Lage, seinen Glauben zu leben und eine Haltung einzunehmen, die der Lehre Christi wirklich entspricht.

In beiden Fällen bedeutet das, daß man sich nicht verändert hat, sondern geblieben ist wie die andern. Man ist gläubig, solange die Zeremonie dauert, aber man erkennt nicht wirklich den Sinn und Zweck des Glaubens.

Religionen sind in gewisser Hinsicht wie Heilmittel. Heilmittel zeigen ihre Wirkung erst, wenn man krank ist, nicht wenn man gesund ist. Wenn alles in Ordnung ist, braucht man sie nicht extra zu zeigen, indem man sagt: »Das hier ist ausgezeichnet, das da ist teuer, und dieses hier besticht durch seine Farbe.« Egal, wie sie ausschauen, ihr einziger Sinn liegt darin, Krankheiten zu heilen. Wenn sie in einem bestimmten Moment nicht gebraucht werden, gibt es auch keinen Grund, sie zur Schau zu stellen.

Genauso muß sich eine Religion oder ein spirituteller Weg dann als nützlich erweisen, wenn sich unser Geist in Schwierigkeiten befindet. Bekennt man sich zu seiner Religion nur dann, wenn alles in Ordnung ist, und unterscheidet man sich nicht von den Ungläubigen, wenn man tatsächlich mit Schwierigkeiten konfrontiert ist – wozu das Ganze?

Wichtig ist es, daß unser Geist von der Lehre, der wir uns angehörig fühlen, durchdrungen wird und daß wir diese Lehre auch im Alltagsleben anwenden. Das allerdings schafft man nicht von heute auf morgen. Das kommt nach und nach, durch beharrliche Übung.

## *An alle, die sich keiner Religion zugehörig fühlen*

Es gibt viele Menschen, die keine Religion haben. Das ist ihr gutes Recht, und niemand kann sie zwingen, etwas daran zu ändern. Wichtig ist, daß ihr Leben einen Sinn hat, das heißt, daß sie in ihrem tiefsten Inneren glücklich sind. Glücklich, aber ohne anderen zu schaden. Wenn unsere Befriedigung nur über das Leiden anderer möglich ist, werden wir selbst früher oder später Leid erfahren.

Die maximale Dauer eines Menschenlebens beträgt ungefähr hundert Jahre. Verglichen mit geologischen Perioden ist das sehr kurz. Wenn wir diesen kurzen Augenblick damit verbringen, Böses zu tun, hat unser Leben keinen Sinn. Jeder hat das Recht auf Glück, aber niemand hat das Recht, das Glück des anderen zu zerstören. Das Ziel der menschlichen Existenz kann unmöglich darin bestehen, irgend jemandem Leid zuzufügen. Selbst wenn wir zur intellektuellen oder finanziellen Spitze gehören – wenn es uns an Respekt und Mitgefühl für unsere Mitmenschen mangelt, ist unsere Existenz eines Menschen nicht würdig. Auf ein glückliches Leben, das niemandem schadet – darauf haben die Menschen ein Anrecht, und das lohnt es sich zu verwirklichen.

Für die meisten von uns beruht Glück auf dem Besitz materieller Güter. Und doch ist klar, daß diese materiellen Dinge allein uns keine Befriedigung verschaffen können. Es reicht, sich ein bißchen umzuschauen: Man sieht Menschen, die jeden erdenklichen Komfort haben, die aber trotzdem Beruhigungsmittel nehmen oder dem Alkohol verfallen, um ihre Angst zu dämpfen. Umgekehrt begegnen wir Menschen, die nichts besitzen und die trotzdem glücklich, entspannt und gesund sind und sehr alt werden.

Das Wichtigste – ich sage es noch einmal – ist nicht die unmittelbare, grobe Befriedigung der Sinne, sondern die des Geistes. Gutes tun, den anderen helfen, seine Wünsche zügeln, sich mit seinem Schicksal abfinden, all das geht nicht nur jene etwas an, die religiös sind. Denn das sind für mich nicht bloß Mittel, um Gott zu gefallen oder sich eine gute Wiedergeburt zu sichern. Ich will damit sagen, daß die, die inneren Frieden suchen, genau diese Eigenschaften entwickeln müssen.

Mit dem wirtschaftlichen und technologischen Fortschritt sind wir immer stärker von den anderen abhängig. Alles, was wir tun, hat früher oder später einen Einfluß auf den Rest der Welt. Der Zustand der Welt spiegelt sich seinerseits in Form von Glück oder Unglück in jedem Individuum wider. Heute kann man sich nicht mehr wie früher damit begnügen, einen begrenzten Blick auf die Dinge zu haben und nur ein Element, eine Ursache, einen einzigen Faktor in Betracht zu ziehen. Heutzutage muß jede Situation von sehr vielen unterschiedlichen Gesichtspunkten aus betrachtet werden.

Ich will damit nicht sagen, daß wir auf unser eigenes Glück verzichten müssen und uns nur dem der anderen Menschen widmen sollen, sondern daß diese beiden Seiten untrennbar miteinander verbunden sind. Wenn uns der Frieden und das Glück aller Menschen auf Erden am Herzen liegen, dann müssen wir lernen, die Dinge aus einer weiteren Perspektive zu betrachten, und wir müssen erkennen, welche Bedeutung das Verhalten des einzelnen hat.

Auf der Erde leben ungefähr sechs Milliarden Menschen. Ein großer Teil dieser sechs Milliarden interessiert sich vor allem für materiellen Komfort und kaum für Religion oder ein spirituelles Leben. Die Nichtgläubigen bilden die Mehrheit der Menschheit, und ihre Art zu denken und zu handeln spielt zwangsläufig eine wesentliche Rolle in der Entwicklung der Welt. Glücklicherweise muß man nicht unbedingt einer Religion angehören, um sich auf menschliche Weise zu verhalten – es reicht, Mensch zu sein!

Sogar die Tiere, die ein geselliges Verhalten zeigen, scharen andere um sich, während wilde Tiere andere vertreiben. Man sieht oft aggressive Hunde, zu denen andere Hunde, sogar sehr große, auf Distanz gehen.

Das gilt natürlich in noch viel größerem Ausmaß für die Menschen. Menschen, die sich beherrschen können, die anderen gegenüber wohlwollend gesinnt sind und liebenswürdige Worte finden, haben ganz automatisch viele Freunde. Man fühlt sich in ihrer Gegenwart wohl, und selbst die Tiere suchen ihre Nähe. Egal, wo sie sind, sie schaffen eine so angenehme Atmosphäre, daß man nicht mehr von ihnen weggehen will.

Wenn wir jedoch unsere Gedanken nicht unter Kontrolle haben, wenn schon unsere Ausdrucksweise Aggressivität vermittelt und wir brutal handeln, dann gehen uns die anderen aus dem Weg und fühlen sich nicht wohl in ihrer Haut, sobald sie uns nur erblicken. Sie interessieren sich nicht für das, was wir sagen wollen, und wenden sich von uns ab, sobald wir das Wort an sie richten. Wie könnten sie sich in unserer Gesellschaft amüsieren oder glücklich sein? Unser Leben wird schwierig, nicht wahr?

Obwohl wir so viele Menschen hier auf der Erde sind, sieht jeder von uns nur sich selbst. Wir sind von den anderen abhängig, um uns ernähren und kleiden zu können; wir brauchen die anderen, um unseren Platz in der Gesellschaft zu finden oder um berühmt zu werden. Und trotzdem betrachten wir diese Menschen, mit denen wir so eng verbunden sind, als Feinde. Ist das nicht ein erstaunlicher Widerspruch?

Es reicht allerdings, die anderen in unser Handeln und Denken einzubeziehen, um in diesem Leben – ich spreche nicht von zukünftigen Leben – glücklich und in Einklang mit uns selbst zu sein. Wenn wir in Schwierigkeiten stecken, wird dann immer jemand da sein, der mit uns spricht und uns hilft, und sogar unsere Feinde werden zu Freunden.

Wenn wir nur an uns denken und die anderen als Gegner sehen, haben wir mit absurden Schwierigkeiten zu kämpfen, für die ausschließlich wir selbst verantwortlich sind. Und auch wenn das Leben in unserer modernen Welt ohne Konkurrenz nicht mehr denkbar scheint, können wir immer noch besser sein als andere, ohne sie deswegen an die Wand drücken zu müssen.

## *An die Mönche und Nonnen*

Die meisten Menschen, die sich einem religiösen Leben verschrieben haben, verzichten auf eine Familie. Das Zölibat hat in vielen Religionen aus ganz unterschiedlichen Gründen einen sehr hohen Stellenwert. Nach buddhistischer Auffassung muß man sich, um Erleuchtung zu erlangen, zuerst von den geistigen Giften befreien, wobei man mit den gröbsten beginnt. Das stärkste dieser Gifte, jenes, das uns am meisten im Samsara, im Zyklus der Wiedergeburten, festhält, ist die Begierde. Wenn man die zwölf Glieder des abhängigen Entstehens studiert, die die einzelnen Etappen unserer Unterwerfung unter das Samsara darstellen, wird klar, daß ohne Begierde bzw. deren Aktivierung das in der Vergangenheit erworbene Karma gar nicht wirksam werden könnte.

Von all den vielen Formen der Begierde ist die sexuelle Begierde die mächtigste, denn sie enthält ein gleichzeitiges Anhaften an die fünf Sinnesobjekte: Form, Klang, Geruch, Geschmack und Tastempfindung. Will man dem Verlangen zu Leibe rücken, sollte man daher mit dem brennendsten beginnen. Dann geht man vom Groben zum Subtileren über.

Indem man die Begierde langsam reduziert und Genügsamkeit kultiviert, schreitet man auf dem Weg des Nichtanhaftens voran. So weit die buddhistische Sicht der Dinge. Was die anderen religiösen Traditionen betrifft, haben sie jeweils ihre eigenen Erklärungen.

Auf praktischer Ebene befreien die Mönchs- und Nonnengelübde – und dazu zählt das Zölibat – diejenigen, die sie ablegen, von einem Teil der sie fesselnden Bindungen. Die Nonnen und Mönche, die sich vom weltlichen Leben losmachen können, müssen sich keine Sorgen darüber machen, wie sie in den Augen ihrer Mitmenschen wirken. Sie kleiden sich billig, und ihre materiellen Bedürfnisse sinken auf ein Minimum.

Verheiratete sind, ob sie wollen oder nicht, in einer Reihe sozialer Zwänge gefangen. Man hat höhere Ausgaben, als wenn man allein ist; und je mehr man ausgibt, desto mehr muß man arbeiten, kalkulieren und planen. Je mehr man arbeitet und plant, desto stärker bläst einem Gegenwind entgegen und desto mehr ist man versucht, so zu handeln, dass man anderen schadet. Wenn wir unser Familienleben aufgeben und uns für ein von Verzicht geprägtes Leben entscheiden, also zum Beispiel für das Leben der christlichen Nonnen oder Mönche, die täglich fünf oder sechs Mal beten, lesen, meditieren und die fast keine weltliche Aktivität und auch keine weltlichen Ziele verfolgen, so bringt das immense Vorteile mit sich.

Im Moment des Sterbens ist der Verzichtende viel heiterer. Die anderen müssen sich oft wegen vieler Dinge Sorgen machen: »Was wird aus meinem Kind? Wird es in die Schule gehen? Wovon wird es leben? Und meine Frau, was wird aus ihr werden? Wie wird mein alter Mann ohne mich zurechtkommen? Meine junge Frau wird sich wahrscheinlich wieder einen Mann suchen.« Wäre es nicht besser, im Moment des Todes keine solchen Sorgen mit sich herumzuschleppen?

In vielen Ländern ist der Vater allein für die Versorgung der Familie zuständig. Wenn er stirbt, steht die Frau vor dem Nichts und muß sich oft fragen, wie sie überleben soll. Sind Kinder da, ist ihre Situation dramatisch.

Bevor man heiratet, macht man sich Sorgen, weil man noch keinen Partner gefunden hat. Nach der Hochzeit hat man auch nicht weniger Sorgen. Der Mann fragt sich, ob seine Frau noch auf ihn hört, und die Frau fragt sich, ob sie ihrem Mann noch immer gefällt. Das alles ist ziemlich kompliziert.

Die Hochzeit selbst ist ein Anlaß, für den viel Geld ausgegeben wird. Sie muß ein unvergeßliches Fest sein. In Indien opfern die Menschen einen Großteil ihres Reichtums dafür. Sie sparen oft so rigoros, daß sie sogar ihre Nahrungsmengen rationieren. Und unter den Verheirateten gibt es Paare, die leiden, weil sie keine Kinder bekommen können, und Paare, die zwar Kinder bekommen können, aber keine wollen und abtreiben.

Wäre das Leben nicht viel einfacher und friedlicher ohne alle diese Sorgen? Manchmal fragen sich die Mönche und Nonnen, ob es nicht besser wäre, in einer Partnerschaft zu leben, aber wird ihr Leben nicht viel ruhiger, wenn es ihnen gelingt, sich von diesem Gedanken freizumachen? Das Leben eines Junggesellen ist tatsächlich wesentlich entspannter.

Sie könnten jetzt meinen, daß ich hier einen egoistischen Standpunkt vertrete. Ich bin mir dessen nicht so sicher. Wer heiratet, tut es ja für sich, nicht zum Wohle der anderen. Und selbst dieses Ziel verfehlen viele. Diejenigen, die das Zölibat einhalten, die christlichen Nonnen und Mönche zum Beispiel, können sich voll und ganz um andere Menschen kümmern oder Kranke pflegen. Ich denke da an Mutter Teresa, die keinen Ehemann, keine Kinder und keine Familie hatte und ihr ganzes Leben den Armen opferte. Mit Familie wäre das viel schwieriger gewesen. Selbst wenn der gute Wille da ist, sind da noch der Haushalt, die Kinder, die in die Schule gehen, und alles andere.

Wenn unsere Exilregierung einen Mönch irgendwohin schickt, um zu arbeiten, so kann er sich auf der Stelle freimachen. Wenn man ihm sagt, in ein anderes Land zu gehen, so ist das ohne weiteres möglich. Wenn man ihm aufträgt zurückzukommen, kommt er sofort zurück. Verlangen Sie das von einem Geschäftsmann, und die Dinge werden sehr kompliziert. Er wird Ihnen vielleicht sagen: »Ich habe gerade erst mein Geschäft eröffnet, ich muß hier bleiben, entschuldigen Sie mich bitte…«

Ich möchte jetzt von jenen Menschen sprechen, die sich der Religion verschrieben haben und als Lehrer tätig sind. Tsongkhapa sagte, es sei nicht richtig, andere verändern zu wollen, wenn man nicht selbst einen Wandel durchgemacht hat, und das, egal, welchem spirituellen Weg man folgt. Wenn wir zum Beispiel anderen vermitteln wollen, wie schädlich Wut sein kann, dann wird es uns nur dann gelingen, unsere Schüler zu überzeugen, wenn wir nicht selbst in Wut geraten. Das gleiche gilt, wenn wir Mäßigung der Wünsche und Genügsamkeit predigen.

In diesem Zusammenhang muß ich an einen mir bekannten Lama denken, der mir schrieb, daß die Tibeter in Nepal in mehr als dreißig Jahren zwar zahlreiche Klöster errichtet haben, mit prächtigen Tempeln und kostbaren Statuen, aber in dieser Zeit keine einzige Schule und auch kein einziges Krankenhaus bauten. Ich bin sicher, daß christliche Priester an ihrer Stelle anders gehandelt hätten. Junge Lamas, die normalerweise Mönchsgewand tragen, schlüpfen am Abend in einen Anzug und gehen auf weltliche Empfänge, wo sie sich wie wichtige Persönlichkeiten oder reiche Geschäftsleute gebärden. Ich frage mich, ob der Buddha genauso gehandelt hätte. Und ganz ostentativ stellen sie ihre Rolex zur Schau... Übrigens: Ich habe auch eine! *(lacht schallend)* Ich habe sie, seit ich aus Lhasa geflohen bin, nur das Armband ist nicht echt! Er erzählte mir, daß die Lamas goldene Rolex-Uhren tragen, in Luxuslimousinen herumfahren, aber wenn sie einen elenden Bettler treffen, ihn keines Blickes würdigen.

Das ist leider die Wahrheit: Der Buddha hat Demut und Hingabe an andere gepredigt, aber wir ignorieren das einfach. Meiner Meinung nach ist das ein Fall, in dem es durchaus angebracht ist, daß die Presse die Scheinheiligkeit anprangert. Das ist das einzige, was man da tun kann.

Der Buddha sagte, man solle die anderen je nach ihren Bedürfnissen unterweisen und sich selbst an das halten, was man lehrt. Setzen wir also die Vorschriften selbst in die Tat um, bevor wir andere belehren.

## *An alle, die ein kontemplatives Leben führen*

Wie andere Religionen auch umfaßt der Buddhismus eine Reihe von Lehren, die auf Vermutungen gründen und die vom Meister an den Schüler weitergegeben werden, aber erst die Menschen, die sich der Kontemplation hingeben, verleihen diesen Lehren durch die lebendige Erfahrung ihren wahren Wert. Diese leider dünngesäten Menschen halten das hoch, was man im Buddhismus das »Siegesbanner« der Praxis nennt. Mittels geistiger Ruhe und tiefer Einsicht erreichen sie meditative Erfahrungen und innere Verwirklichung und lassen so dieses theoretische Wissen lebendig werden, das sonst etwas Mythisches oder Künstliches bliebe. Ich kann sie nur ermuntern, diesen Weg weiterzugehen.

## *An alle, die von großem Glauben erfüllt sind*

In jeder Religion spielt der Glaube eine sehr wichtige Rolle. Aber es muß gute Gründe für diesen Glauben geben. Nagarjuna[1], der große indische Philosoph aus dem 2. Jahrhundert, sagte, Wissen und Glauben müssen Hand in Hand gehen. Im Buddhismus gilt zwar der Glaube als Ursache höherer Wiedergeburten und das Wissen als Quelle des Erwachens, aber gleichzeitig heißt es auch, »der Glaube erwachse aus klarem Wissen«. Mit anderen Worten: Man muß wissen, warum man glaubt.

Im Buddhismus unterscheidet man drei Etappen oder Ebenen des Glaubens: Inspiration, Wunsch und Überzeugung. Der auf Inspiration beruhende Glauben ist eine Art Bewunderung, die man empfindet, wenn man einen Text liest, einen außergewöhnlichen Menschen trifft oder vom Buddha hört. Der vom Wunsch getragene Glauben impliziert eine gewisse Form der Nachahmung: Man möchte wissen, vertiefen und dem bewunderten Ideal ähnlich werden. Diese beiden Arten von Glauben sind nicht stabil, denn sie beruhen nicht auf ech-

[1] Siehe Anmerkung 1, S. 38.

tem Wissen. Der überzeugte Glauben basiert auf dem klaren Wissen, daß das, was man erstrebt, auch erreicht werden kann. Er beruht auf Vernunft. In den Sutren fordert der Buddha seine Schüler auf, seinen Worten nicht blind zu glauben, sondern sie zu überprüfen, so wie der Goldschmied die Reinheit des Goldes prüft, indem er es treibt, erhitzt und schmiedet.

Das Problem stellt sich genauso im Falle der Hingabe. Wenn sie nicht wirklich fest begründet ist, ist sie unter Umständen sehr vergänglich. Manche Buddhisten, Tibeter, aber auch andere, legen eine sehr große Hingabe und Verehrung für einen spirituellen Meister an den Tag. Aber die verschwindet plötzlich, wenn der Meister stirbt. Sie glauben, daß mit dem Tod alles vergangen sei und das Zentrum der Lehre seine Pforten schließe. Dabei macht es auf absoluter Ebene überhaupt keinen Unterschied, ob der Meister in Fleisch und Blut anwesend ist oder nicht. Der Meister repräsentiert die höchste Natur des Geistes, sein Mitgefühl ist durch keine Entfernung begrenzt. Wer diese Dimension eines Meisters erkennt, wird nicht diesem Anhaften an die menschliche Form erliegen. Er weiß, daß sein Segen und seine Aktivität immer präsent sind, auch wenn er seine körperliche Hülle bereits verlassen hat, da sie von der Sphäre seines absoluten Körpers ausgehen. Ob er unter uns weilt oder nicht, ändert daran nichts. Es ist immer möglich, auf ihn zu meditieren.[2]

Wenn wir glauben, unsere Hingabe hätte kein Gegenüber mehr, nachdem der Meister diese Welt verlassen hat, dann war diese Hingabe mit Anhaften verbunden. Für uns war dann dieser Meister wie ein Gefährte, wie ein gewöhnliches Wesen, ein Partner, ein Angehöriger. Wenn wir ihn so verstehen, dann verschwindet er mit seinem Tod tatsächlich, und dann wissen wir nicht mehr, was wir machen sollen. Was wir empfunden haben, war jedenfalls keine echte Hingabe.

2 Im Vajrayana-Buddhismus hat ein Meister, mit dem der Schüler eine äußerst enge Beziehung eingeht, nur einen einzigen Zweck: ihm seine wahre Natur zu enthüllen. Dieser Glaube an den Meister erlaubt es dem Schüler am Anfang, sich einer tieferen Wirklichkeit zu öffnen, und dem Meister erlaubt er, den Geist des Schülers zur Reife zu bringen. Am Ende des Weges sind Meister und Schüler eins: Der Schüler hat die wahre Natur seines Geistes entdeckt, die nichts anderes ist als der »absolute Körper« des Buddha, das Wissen und das Mitgefühl, das seit jeher da war. Wer sich also an die äußere Erscheinung seines Meisters klammert, versteht diese Wirklichkeit nicht und gewinnt aus der Beziehung zum Meister nicht mehr als aus einer Beziehung zu einem gewöhnlichen Wesen.

## *An alle, die anderen Religionen gegenüber offen sind*

Für mich gibt es zwei Möglichkeiten, in Sachen Religion nicht in Fanatismus oder Sektierertum zu verfallen. Einerseits kann man Respekt für alle Glaubensbekenntnisse empfinden. Ich zum Beispiel bin Buddhist, aber gleichzeitig achte und schätze ich das Christentum und die anderen Religionen.

Andererseits kann man aber auch den Wunsch haben, andere Religionen zu praktizieren. Es gibt zum Beispiel Menschen, die sowohl die christliche als auch die buddhistische Lehre praktizieren. Bis zu einem gewissen Punkt ist das möglich.

Läßt man sich jedoch tiefer auf den Weg ein, schauen die Dinge schon ein bißchen anders aus. Wenn man eine tiefere Erfahrung der »Leere« und gegenseitigen Abhängigkeit aller Dinge macht,[1] wird es schwierig, gleichzeitig auch die Vorstellung

1 Die »Leere« ist nach buddhistischer Auffassung nicht das Nichts, sondern die simple Tatsache, daß nichts eine Wirklichkeit an sich besitzt. Die gegenseitige Abhängigkeit, ein Begriff, der eng mit dem der Leere verknüpft ist und oft als gleichbedeutend verstanden wird, bezeichnet die Tatsache, daß alle Phänomene nur in Abhängigkeit von anderen Phänomenen existieren können, daß nichts seine eigene Ursache sein kann, und vor allem, daß die Existenz einer ersten Ursache logisch unmöglich ist.

eines Schöpfergottes zu akzeptieren, der unveränderlich für sich existiert. Ab einem gewissen Punkt berührt man also die Grundlage der eigenen Religion, und man ist sozusagen gezwungen, sich zu entscheiden. Das hindert einen nicht daran, die anderen Wege zu respektieren, aber es wird schwierig, sie gleichzeitig zu praktizieren.[2]

Außerdem gibt es im Buddhismus eine spezielle Praxis, die sogenannte »Zufluchtnahme«. Wenn man Zuflucht zum Buddha genommen hat, dann weiß ich nicht, ob man zum Beispiel auch Zuflucht zu Christus nehmen kann, ohne in ein Dilemma zu geraten. Ich glaube, in diesem besonderen Fall wäre es besser, Christus als die Emanation eines Bodhisattvas zu betrachten.

2 Der Dalai Lama sagt manchmal, das Konzept eines Gottes stelle kein Problem für einen Buddhisten dar, sofern Gott als unendliche Liebe verstanden wird. Es wird erst dann ein Problem, wenn Gott als erste Ursache angesehen wird. Wer die Gründe dafür verstehen will, dem sei die Lektüre von *Quantum und Lotus. Vom Urknall zur Erleuchtung* von Matthieu Ricard und Trinh Xuan Thuan empfohlen (München, 2001).

## *An alle, die Buddhisten werden wollen*

Ganz allgemein glaube ich, daß die Religion unserer Eltern die ist, die für uns am angemessensten ist. Es ist nicht gut, sich zuerst auf einen religiösen Weg einzulassen und dann einen ganz anderen einzuschlagen.

Heute bringen viele Menschen der Spiritualität, vor allem dem Buddhismus, großes Interesse entgegen, aber sie überprüfen nicht sorgfältig genug, auf was sie sich da einlassen. Man muß sich zuerst sicher sein, daß der Weg, den man wählt, wirklich der eigenen Natur und dem eigenen Streben entspricht. Fragen Sie sich, ob Sie imstande sind, diesen Weg zu praktizieren, und was Ihnen das bringen könnte. Sie werden zwar nicht alles über den Buddhismus verstehen, bevor Sie sich nicht wirklich darauf eingelassen haben, aber Sie können sich sehr wohl Wissen über seine wesentlichsten Lehren aneignen. Denken Sie dann sehr ernsthaft darüber nach. Wenn Sie sich nach dieser Prüfung für diese Religion entscheiden – wunderbar. Erst dann können Sie tiefer eindringen und, wenn Sie wollen, Gelübde ablegen.

Im Buddhismus gibt es viele Formen der Meditation. Sie kann analytisch ausgerichtet sein, sie kann in der Konzentration auf ein einzelnes Objekt bestehen, sie kann nichtbegrifflich sein oder tiefe Versenkungszustände hervorrufen. Sie kann die Unbeständigkeit zum Inhalt haben, das Fehlen eines Ego, das Leiden, die Liebe, das Mitgefühl usw. Wollen Sie diese Meditationen richtig erlernen, müssen Sie den Anweisungen eines erfahrenen, vertrauenswürdigen Lehrers folgen.

Der Meister, der Sie im Buddhismus unterweist, spielt also eine zentrale Rolle. Aus diesem Grund müssen Sie auch wissen, welche Eigenschaften ein authentischer Lehrer besitzen muß, und Sie müssen überprüfen, ob Ihr Meister über diese Eigenschaften verfügt. Sie müssen sich auch im klaren darüber sein, ob Sie wirklich entschlossen sind, ihm zu folgen.

Kurz gesagt: Lassen Sie Vorsicht walten. Vermeiden Sie es um jeden Preis, Buddhist zu werden, ohne darüber wirklich nachgedacht zu haben, ohne über ein Grundwissen zu verfügen, nur weil Sie Lust dazu verspüren, denn dann werden Sie früher oder später entdecken müssen, daß Ihnen gewisse Praktiken gar nicht entsprechen oder sie Ihnen unmöglich erscheinen.

Wenn bekannt wird, daß ein Lama irgendwo unterrichtet, dann stürzen manche Menschen hin und vertrauen sich ihm an, ohne nur das Geringste über ihn zu wissen und ohne sich je die Zeit genommen zu haben nachzuforschen, ob er über die erforderlichen Eigenschaften verfügt oder nicht. Nach einer gewissen Zeit bemerken sie dann, daß er Fehler hat. Einige Amerikaner, die hierhergekommen sind, haben mir alle die gleiche Geschichte erzählt: Sie erfahren, daß sich ein Lama in ihrer Nähe aufhält, und vertrauen sich ihm auf der Stelle an, ohne ihn überhaupt zu kennen. Sie empfangen Belehrungen und vor allem Einweihungen, aber eines Tages verwandelt sich ihre Haltung ins genaue Gegenteil. Sie kochen vor Wut und erzählen jedem, der es hören will, lautstark, daß dieser Lama ihre Freundin sexuell mißbraucht habe, und in ihrer Wut machen sie den Buddhismus insgesamt dafür verantwortlich. Diese Leute, die damit authentische Lehren in Mißkredit bringen, haben sich zuerst unfähigen Lamas ausgeliefert und machen dann den Buddha für ihre Enttäuschung verantwortlich. Was soll das? Ihre Haltung ist nicht korrekt. Bevor man sich auf etwas einläßt, muß man sich genau erkundigen.

In den buddhistischen Texten wird immer wieder betont, wie wichtig es ist, einen Meister genau zu überprüfen. Wenn man sich unbedacht an einen spirituellen Lehrer bindet und irgendwann entdeckt, daß diese Person Fehler hat und man eine Fehlentscheidung getroffen hat, empfindet man das natürlich als Katastrophe. Hat man jedoch schon Gelübde abgelegt oder Einweihungen erhalten, sollte man trotzdem seinen negativen Gedanken nicht freien Lauf lassen.

Jedes Wesen, egal welches, besitzt gleichzeitig positive und negative Eigenschaften. Die Texte sagen, daß ein spiritueller Meister Qualitäten aufweisen muß, die unseren überlegen sind, aber was bedeutet das eigentlich? Angenommen, jemand hat eine inzwischen sehr seltene mündliche Übertragung einer bestimmten Lehre erhalten. Selbst wenn er über keine großartigen Kenntnisse verfügt, so besitzt er, vom strikten Standpunkt dieser Übertragung aus gesehen, etwas, was wir nicht haben, und ist uns in diesem Sinne überlegen.

Sobald wir eine spirituelle Bindung an einen Lehrer eingegangen sind und von ihm die Lehren des Buddha empfangen haben, schulden wir ihm unsere Anerkennung. So gesehen, ist es nicht wirklich angebracht, ihn als gewöhnliches Wesen anzusehen oder ihn, noch schlimmer, zu verachten. Auch wenn wir es bedauern, so ist er doch unser spiritueller Führer geworden, und wir sollten alles daransetzen, um eine solch extreme Haltung zu vermeiden.

Das heißt aber nicht, daß wir weiterhin seinen Anweisungen folgen müssen. Wir haben die Freiheit, ihn nicht mehr zu sehen. Wenn Sie von jemandem Unterweisungen des Buddha empfangen haben, dann sollten Sie ihm Glauben entgegenbringen, sofern Ihnen das möglich ist. Gelingt Ihnen das nicht, so nehmen Sie ihm gegenüber eine neutrale Haltung ein und hegen Sie weder gute noch schlechte Gedanken.

Noch etwas: Erwarten Sie nicht, daß Sie sich durch die Praxis des Buddhismus sofort in die Lüfte erheben, durch Wände gehen und die Zukunft vorhersehen können. Das Hauptziel der Praxis besteht darin, den Geist zu beherrschen, und nicht darin, übernatürliche Kräfte zu erwerben. Es kann sein, daß sich, wenn man seinen Geist wirklich unter Kontrolle hat, nach und nach und quasi als Nebenprodukt sogenannte »wunderbare« Fähigkeiten einstellen. Aber wenn Sie sich das zum Ziel setzen, dann bezweifle ich sehr heftig, daß Ihre Praxis auch nur das geringste mit Buddhismus zu tun hat. Auch Nicht-Buddhisten verfügen über derartige Eigenschaften. Angeblich interessieren sich sogar der russische und der amerikanische Geheimdienst dafür. Seien Sie also auf der Hut.

## *An alle, die den Buddhismus praktizieren*

Auf dem spirituellen Weg ist man anfangs oft guten Mutes, dann erwartet man Ergebnisse, und letzten Endes verliert man die Lust und wird der Sache überdrüssig. Das ist ein Zeichen dafür, daß es einem an Weitblick mangelt. Es ist ein Fehler, sich schnelle Resultate zu erhoffen, es sei denn, man bringt ähnliche Anstrengungen auf wie der große Yogi Milarepa. Ist es nicht aufschlußreich, daß, wie es in den Texten heißt, der Buddha drei »unendlich große Äonen« gebraucht hat, um vollkommenes Erwachen zu verwirklichen? Wie können wir dann annehmen, das gleiche innerhalb von ein paar Jahren, die man in Retreats verbringt, zu erreichen? Das zeigt, daß man die Lehren nicht kennt. Es ist alles andere als seriös zu behaupten – wie es leider immer wieder geschieht –, man müsse nur drei Jahre lang eine Glocke[1] schwingen, um den Zustand des Buddha zu erlangen.

1 Die Glocke, das Symbol für Leere oder Weisheit, also für einen der tiefgründigsten Aspekte des Buddhismus, wird in Ritualen des tantrischen Buddhismus sehr oft eingesetzt. Hier verleiht ihr der Dalai Lama eine ironische Bedeutung. Er prangert all jene an, die sich mit Riten begnügen, ohne sich die Mühe zu machen, die Essenz der Lehren zu ergründen.

Es ist eine sehr gute Sache, sich für den Buddhismus zu begeistern, aber wenn es in den Texten heißt, der Buddha habe drei unendliche Äonen lang Verdienste und Weisheit angehäuft, dann müßte uns doch eigentlich klar sein, daß es seine Zeit braucht, um zum höchsten Erwachen zu gelangen. Nach Auffassung des Mahayana hatte der Buddha schon lange vorher im Weisheitskörper Erleuchtung erlangt. Dann nahm er den Erscheinungskörper an und tat, als ob er den Prozeß des Erwachens noch einmal von vorne durchlaufen würde. Aber noch einmal: Hatte er nicht einen guten Grund, so zu handeln? Wir, die wir lernen, seinen Spuren zu folgen, sollten auch nie vergessen, daß er sogar in seiner letzten Existenz sechs Jahre in Askese verbrachte. Vielleicht werden wir dann keine so kurze Sicht der Dinge mehr haben.

Man sagt zwar, daß uns der schnelle Weg des Vajrayana erlaubt, den Zustand des Buddha sehr schnell zu erlangen, ohne unsere negativen Gefühle aufgeben zu müssen. Aber das ist nicht ganz ungefährlich. In der Biographie des Milarepa wird berichtet, daß ihm ein Lama sagt: »Wer am Tage über meine Lehre meditiert, wird noch am selben Tage zum Buddha; wer in der Nacht über meine Lehre meditiert, wird noch in derselben Nacht zum Buddha, und die begünstigten Wesen, die über ein förderliches Karma verfügen, brauchen nicht einmal zu meditieren.« Milarepa, der überzeugt war, zu jenen begünstigten Wesen zu gehören, begnügte sich also damit zu schlafen. Folgt man solchen Fehlinterpretationen, riskiert man, anfangs Feuer und Flamme zu sein, aber sehr schnell das Interesse zu verlieren. Wenn hingegen unser Enthusiasmus auf einer echten Kenntnis des Weges beruht, wird er konstant bleiben. Das zu verstehen ist ganz wesentlich.

Die Religionen lehren moralische Regeln oder Vorschriften, die dazu dienen, die menschlichen Qualitäten zu fördern. Manche Buddhisten vernachlässigen aber diesen moralischen Aspekt und interessieren sich nur für Meditation, von der sie sich wahre Wunder erwarten. Wenn sie dann merken, daß dem nicht so ist, müssen sie ja enttäuscht sein.

Das Ziel der Übungen besteht, wie gesagt, nicht darin, übernatürliche Kräfte zu entwickeln, sondern unser Wesen zu transformieren. Das Hauptproblem liegt darin, daß wir nicht bereit sind, genügend Zeit dafür aufzubringen. Wir glauben, daß wir nach zwei, drei Jahren alles erreicht haben, auch wenn wir gelesen haben, daß der Buddha Äonen dazu brauchte. Deshalb ist meines Erachtens der Weg des Mahayana unerläßlich. Sobald man einmal über eine gute Kenntnis dieses Weges verfügt und ein immer größeres Interesse für das Vajrayana empfindet, wird man auch entschlossen genug sein, um dabei zu bleiben, und wenn es drei Äonen dauern sollte. Dank dieser Entschlossenheit kann das Vajrayana für uns ein Mittel sein, das uns zu geistiger Ruhe und tiefer Einsicht führt. Dann haben wir beste Chancen auf Erfolg.

Wenn man sich jedoch umgekehrt ins Vajrayana stürzt, ohne sich eine solide Grundlage erarbeitet zu haben, dann läuft man Gefahr, sich einzureden, man könne den Zustand des Buddha ohne Probleme erreichen, »in einem einzigen Leben und in einem einzigen Körper«, wie es heißt. Man kann auch die Gottheit, über die man meditiert, mit dem Schöpfer des Universums gleichsetzen und meinen, allein der Glaube in sie verleihe uns Kräfte, ein langes Leben, Reichtum und ich weiß nicht, was sonst noch alles.[2] Man widmet sich dann nicht dem Hauptziel der Praxis, das darin besteht, seinen Geist zu beherrschen und sich von den geistigen Giften zu befreien, sondern mißt dem, was sich als Begleiterscheinung einstellt, eine viel zu große Bedeutung bei.

Manche haben kein besonderes Vertrauen in die Lehre des Buddha, interessieren sich aber aus rein akademischen Gründen dafür. Andere wiederum glauben an seine Lehren, aber begnügen sich mit

2 »Gottheiten«, über die Praktizierende des Vajrayana-Buddhismus meditieren, sind keine äußerlichen Gottheiten, sondern Gestalten, die die innere Wirklichkeit des Übenden, seine höchste Natur, darstellen, mit dem Ziel, seinen Geist zu transformieren.

einem intellektuellen Studium und einem rein theoretischen Verständnis. Das Problem dabei ist, daß diese Lehre nur eines will: Sie will uns helfen, unser Sein zu verwandeln; es geht nicht darum, noch mehr Wissen anzuhäufen. Wenn wir so erworbenes Wissen nicht durch die Meditation in die Praxis umsetzen, dann ist es zu nichts gut. Wir laufen Gefahr, ein »Salonbuddhist« zu werden, der die Lehren des Buddha zwar in der Theorie kennt und darüber sprechen kann, der aber den wirklichen »Geschmack« nicht kennt, weil er dieses theoretische Wissen nicht in eine lebendige Erfahrung verwandelt hat. Wenn wir jedoch diese Lehre verinnerlichen, werden wir entdecken, was ihren eigentlichen Reiz ausmacht, und die Gefahr, des Ganzen überdrüssig zu werden, schwindet. Man muß also seinen Geist mit der Lehre wirklich durchdringen. Wissen und Praxis müssen Hand in Hand gehen.

Wer ein kontemplatives Leben führen und lange Retreats machen will, zum Beispiel ein Drei-Jahres-Retreat, das man traditionell in Tibet praktiziert, muß sich durch sogenannte »vorbereitende Übungen« darauf einstellen. Wenn man in einen Raum eingesperrt ist, ohne diese Praktiken, die den Geist auf den spirituellen Weg einstimmen, korrekt durchgeführt zu haben, dann besteht kein Unterschied zu einem Gefängnisaufenthalt. Leiern wir in der Meditation einfach nur unsere Mantras herunter, ohne uns dabei etwas zu denken, dann wird das Retreat nicht viel bringen. Man wird es als gewöhnliches Wesen begonnen haben, und am Ende wird man es wieder als gewöhnliches Wesen verlassen. Man wird nachher nur noch arroganter sein als vorher, denn man wird sich sagen, daß man sich nun nach drei Jahren in der Abgeschiedenheit den Titel »Lama« verdient hat. Was bringt das?

Wer hingegen die vorbereitenden Übungen mit großer Sorgfalt durchführt, sich dann regelmäßig den Hauptübungen widmet und erst danach ein Drei-Jahres-Retreat beginnt, wird danach ganz sicher anders denken, sprechen und handeln können. Zumindest wird er disziplinierter sein, und das ist ja schon viel.

Wenn Sie sich als Buddhist humanitären Zielen verschreiben wollen, so ist das eine gute Sache. Prüfen Sie aber, ob Ihre Absicht wirklich rein ist. Soziales Handeln ist nur dann eine engagierte Form des Buddhismus, wenn es von Liebe und Mitgefühl getragen ist und wenn man Zuflucht zum Buddha nimmt.[3]

[3] Die Zufluchtnahme ist eine der grundlegenden Praktiken eines jeden Buddhisten. Es bedeutet, den Buddha als Führer, seine Lehre als Weg und die Gemeinschaft der Praktizierenden als Gefährten auf dem Weg anzuerkennen. Auf einem höheren Niveau oder in einem fortgeschrittenen Stadium der Praxis besteht sie darin zu erkennen, daß die eigene höchste Natur die des Buddha selbst ist.

Deshalb müssen Sie einen Teil Ihrer Zeit für Übungsperioden reservieren, während derer Sie Zuflucht nehmen und über die Unbeständigkeit, das Leiden und ähnliches meditieren.

# *Zum Schluß*

Diese Ratschläge sind nicht das Ergebnis komplizierter abstrakter philosophischer Spekulationen. Sie spiegeln wider, was ich in meinem Innersten denke, und entspringen meiner eigenen Erfahrung.

Der gesunde Menschenverstand sagt uns, daß das Leben eines Menschen kurz ist und wir aus dieser kurzen Zeit auf Erden besser etwas Nützliches machen sollten, für uns und für die anderen.

Paradoxerweise kann man sich selbst nicht helfen, wenn man nicht auch den anderen hilft. Ob wir wollen oder nicht, wir sind alle miteinander verbunden, und niemand kann nur sein eigenes Glück verwirklichen. Wer nur an sich selbst denkt, wird Leid säen und ernten. Wer sich hingegen für andere einsetzt, sorgt automatisch auch für sich selbst. Wenn wir schon Egoisten bleiben wollen, sollten wir wenigstens intelligente Egoisten sein: Helfen wir den anderen!

Normalerweise unterscheiden wir nicht zwischen Wesentlichem und Nebensächlichem. Wir verbringen unser Leben damit, allen möglichen Annehmlichkeiten nachzulaufen, die sich uns aber immer entziehen oder uns unbefriedigt zurücklassen. Wir versuchen glücklich zu sein, koste es, was es wolle. Wir sind zu allem bereit, um Besitztümer zu erwerben und zu verteidigen, die weder von Dauer sind noch eine echte Quelle von Glück darstellen.

Unser Geist wird von Wut, Eifersucht und anderen negativen Gefühlen beherrscht. Dabei ist es uns nicht bewußt, daß diese Gefühle unvereinbar sind mit dem inneren Frieden. Der Verstand, der dem Menschen eigen ist, dient nur dazu, Ränke zu schmieden und noch mehr Besitz zu erwerben, und das auf Kosten der anderen. Letzten Endes folgt daraus nichts als Leid, für das wir in unserer Verblendung die anderen verantwortlich machen.

Setzen wir unsere Intelligenz für die richtige Sache ein. Wenn wir das nicht tun, worin unterscheiden wir uns dann von den Tieren?

Wollen wir unserem Leben wirklich einen Sinn geben und glücklich sein, müssen wir beginnen, gesund zu denken. Wir müssen die menschlichen Eigenschaften entwickeln, die wir zwar alle besitzen, die aber von unseren wirren Gedanken und negativen Gefühlen überdeckt werden.

Kultivieren wir Liebe und Mitgefühl, die dem Leben wirklich einen Sinn zu geben vermögen. Alles andere ist nebensächlich. Das ist die Religion, die ich vertrete – über den Buddhismus hinaus. Sie ist simpel. Ihr Tempel ist das Herz. Ihre Lehre ist Liebe und Mitgefühl. Ihre Moral lautet: Liebe und respektiere die anderen. Ob wir Laie, Mönch oder Nonne sind, wir haben keine andere Wahl, auch wenn wir in dieser Welt kein anderes Ziel haben, als zu überleben.

Gut und aufrichtig sein, positive Gedanken haben, jenen verzeihen, die uns Unrecht getan haben, unsere Mitmenschen wie Freunde behandeln, den Leidenden helfen und uns nie für etwas Besseres halten: Auch wenn diese Ratschläge allzu einfach scheinen – versuchen Sie, für sich herauszufinden, ob es Sie glücklicher macht, wenn Sie danach leben.

*Dharamsala, im Juli 2000*